누구나
PYTHON

너도
데이터 가지고
놀 수 있어

누구나 PYTHON
너도 데이터 가지고 놀 수 있어!

Vol. 1

저자 **민형기**

- 국립창원 대학교 공학박사
- 국내 최초 복강경 수술용 로봇 책임연구원
- 로봇 및 인공지능 부분 국가 직무 능력 개발 NCS 학습 모듈 개발 위원
- 로봇/인공지능 분야 블로그 운영
- 파이썬을 활용한 데이터 사이언스 입문 - 패스트캠퍼스 강의
- AI 로봇관련 분야 연구

〈저서〉
- 파이썬으로 데이터 주무르기
- 생각대로 블록코딩 1, 2

너도 데이터 가지고 놀 수 있어!
누구나 PYTHON

2019년 6월 17일 1판 1쇄 발행
2022년 7월 29일 개정1판 2쇄 발행

저　　자　민형기
발 행 자　정지숙
기　　획　김종훈
마 케 팅　김용환
디 자 인　디자인클립

발 행 처　(주)잇플ITPLE
주　　소　서울 동대문구 답십리로 264 성신빌딩 2층
전　　화　0502.600.4925
팩　　스　0502.600.4924
홈페이지　www.itple.info
이 메 일　itple333@naver.com
카　　페　http://cafe.naver.com/arduinofun

Copyright ⓒ 2019 민형기 Printed in Korea
저작권법에 의해 저작물의 무단 전재 및 무단 복제를 금합니다. 파본은 구입하신 서점에서 교환해 드립니다.

ISBN　979-11-967079-0-3　13000

이 도서의 국립중앙도서관 출판예정도서목록(CIP)은 서지정보유통지원시스템 홈페이지(http://seoji.nl.go.kr)와
국가자료종합목록 구축시스템(http://kolis-net.nl.go.kr)에서 이용하실 수 있습니다. (CIP제어번호 : CIP2019021787)

머리말

파이썬을 도구로 데이터를 다루는 내용의 책이 벌써 두 번째입니다. 첫 책은 너무 과한 관심을 받아서 고마우면서 또 독자들에게 미안했습니다. 이번 책은 저의 첫 책에 비해 더 쉽게 작성하려고 노력했습니다. 그러나 애초 공부에 대한 저의 생각은 변함없이 적용되었습니다. 흥미와 성취감 없이는 실력을 늘리기 어렵다는 것입니다. 이번 책도 장마다 하나의 주제를 다루고 있습니다.

이 책은 한 권으로 모든 것을 설명하지 않습니다. 상세한 문법, 언어적 기술은 다른 멋지고 잘 만들어진 책에 맡기고, 우리 책은 난이도별 응용 예제에 집중했다고 생각해 주시면 됩니다.

먼저 설치부터 시작해서, 데이터를 다루는데 필요한 Pandas라는 모듈, 데이터를 시각화하는데 필요한 matplotlib라는 모듈을 다루고, 네이버의 API를 이용해서 데이터를 얻어서 다루는 법을 이야기합니다. 특히 머신 러닝 중에서 상대적으로 간단한 decision tree 기법을 이용해서 아이리스 꽃 분류와 타이타닉 생존자 예측을 수행해 봅니다.

이 책은 하나의 주제를 깊이 있게 다루는 것이 아니라 어쩌면 파이썬이 처음이거나 입문이신 분들을 대상으로 파이썬이 할 수 있는 재미있는 일들을 보여주어 동기를 부여하고 다양한 분야를 체험하는 것이 목표입니다.

본 교재의 소스코드는 https://github.com/PinkWink/playing_data 에 공개되고, 유지보수 될 예정입니다.

마지막으로 단순 책의 출판사 대표가 아니라, 여러 면에서 많은 신경을 써주시는 정 대표님께 감사드리며, 이런 컨셉으로 다양한 활동을 할 수 있게 된 계기가 된 패스트 캠퍼스의 윤 매니저님께도 감사를 드립니다. 더불어 매주 토요일마다 제 옆에서 저를 도와주는 선 조교님과 다시 보고 싶은 노 조교님께도 감사를 드립니다. 또한, 이 책이 출판될 때쯤에는 못난 팀장을 어쩌면 원망하고 있을, 안희성, 김민정, 이재덕, 박안빈, 김민수, 고영래 연구원에게도 감사하며, 마지막 짐을 지고 있을 박준우 박사님께도 감사를 드립니다.

그리고 언제나 옆에서 응원해 줄 것을 의심하지 않는 내 가족, 사랑하는 아내와 딸 수아에게도 여러 의미로 고맙고 사랑한다고 말하고 싶습니다.

차례

CHAPTER 01 데이터 데리고 놀기 전 준비하기: 개발 환경 준비

- 1.1 Anaconda 설치 ··· 12
- 1.2 Anaconda 환경 설정 ·· 19
- 1.3 Python 모듈 설치와 Jupyter Notebook 실행하기 ······································· 25
- 1.4 Jupyter Notebook 사용법 ·· 33
- 1.5 Markdown 문서 이해하기 ·· 35
    - 1.5.1 제목 레벨
    - 1.5.2 목록
    - 1.5.3 굵은 글씨, 기울인 글씨, 굵은 상태에서 기울인 글씨
    - 1.5.4 이미지 입력
- 1.6 설치를 마치며 ·· 40

CHAPTER 02 서울시 청소년 정신건강 분석

- 2.1 데이터 확보하기 ··· 42
- 2.2 프로젝트의 목표 ··· 49
- 2.3 Pandas – 데이터를 정리하는 필수 도구 ··· 51
    - 2.3.1 파이썬에서 모듈 import
    - 2.3.2 pandas DataFrame 구조
    - 2.3.3 정렬 기능 등의 기초 활용 함수

차례

- **2.3.4** DataFrame의 Slice – 데이터를 잘라서 선택하기
- **2.3.5** DataFrame 내에서 조건문 사용
- **2.3.6** 행과 열의 변경
- **2.4** 서울시 청소년들의 스트레스 데이터 읽어보기 ······ 64
- **2.5** 데이터를 정리한 중간 코드 최종 ······ 70
- **2.6** 데이터를 시각적으로 표현하기 – matplotlib 기초 ······ 71
  - **2.6.1** 간단하게 그리기
  - **2.6.2** matplotlib의 한글 문제
- **2.7** 데이터를 그래프로 표현하기 ······ 78

CHAPTER 03 운동량 데이터 분석해 보기

- **3.1** 파이썬의 기본 데이터 구조인 list형 ······ 82
- **3.2** 데이터를 저장하고 읽기 ······ 86
- **3.3** 데이터를 정리하는 마법 같은 단어 pivot_table ······ 91
- **3.4** '운동을 하지 않는 이유'에 대한 데이터 분석 ······ 94

CHAPTER 04 인터넷에서 데이터를 얻어서 엑셀로 정리해 보기

- **4.1** Naver 개발자 센터에서 애플리케이션 등록 ······ 104
- **4.2** 네이버 API 간단히 사용해 보기 ······ 110
- **4.3** 파이썬의 반복문 ······ 113
- **4.4** 함수의 사용 ······ 115

| 4.5 | 네이버 책 검색에서 정보 가져오기 | 116 |
| 4.6 | 엑셀에 저장하기 | 125 |

CHAPTER 05 얼굴인식 등의 이미지 관련 API 사용

5.1	네이버 얼굴인식 기능	128
5.2	파이썬 dict형 데이터와 json	133
5.3	인식된 얼굴 사진에 정보 표시하기	135
5.4	여러 얼굴이 있는 사진에 대한 정보 표시하기	139

CHAPTER 06 우리도 인공지능을 배워볼까요 IRIS 꽃 분류하기

6.1	Iris 꽃 데이터	143
6.2	seaborn의 pairplot으로 iris 데이터 확인하기	147
6.3	간단한 결정나무 모델	152
6.4	학습한 모델 사용하기	160

차례

CHAPTER 07 타이타닉 생존자 **예측하기**

- 7.1 데이터 읽고 전체 상황 확인하기 ····· 164
- 7.2 데이터 개요를 그래프로 확인하기 ····· 167
- 7.3 나이별 구별 및 성별 생존율 확인하기 ····· 171
- 7.4 보트 탑승 승객의 생존율 확인하기 ····· 174
- 7.5 귀족들의 생존율만 다시 조사하기 ····· 176
- 7.6 학습을 위한 데이터 정리와 특징 선택하기 ····· 180
- 7.7 생존자 예측을 위한 모델 수립 ····· 184
- 7.8 생존자 예측; 디카프리오는 정말 생존할 수 없었을까? ····· 188

CHAPTER 08 레드 와인, 화이트 와인 **분류하기**

- 8.1 데이터 받기 ····· 193
- 8.2 학습용 데이터 만들기 ····· 194
- 8.3 로지스틱 회기로 학습하기 ····· 195
- 8.4 데이터 정규화 ····· 197
- 8.5 결정나무를 이용한 분류 ····· 201

Chapter 01

데이터 데리고 놀기 전 준비하기:
개발 환경 준비

누구나
PYTHON

1.1 Anaconda 설치

파이썬을 활용한 긴 여행을 떠나기 전에 개발환경, 현재 우리 수준에서 학습 환경을 꾸미는 것이 필요합니다. 파이썬을 학습하는 많은 방법이 있습니다. 우리는 그중에서 꽤 인기 있는 아나콘다(Anaconda)를 환경으로 사용하도록 하겠습니다. 아나콘다는 파이썬을 포함하고 있는 일종의 배포판입니다. 아나콘다에는 유용하게 쓸 수 있는 여러 가지 모듈이 함께 배포되는 장점뿐만 아니라, 별도의 환경을 따로 만들어서 편리하게 관리할 수 있는 기능이 제공됩니다. 이 장에서는 아나콘다를 설치하는 방법에 관해 설명합니다.

그림 1-1의 사이트(https://www.anaconda.com/distribution/)에서 아나콘다를 받을 수 있습니다.

다운로드 버튼을 누르면 이 책의 집필 시점에서는 Python 3.7 버전에 대응하는 아나콘다를 받을 수 있습니다. 이후 여러 모듈과의 호환성과 안정적인 환경에 대응하기 위해서, 그리고 이 책의 구매 시점에서 새로운 버전의 아나콘다가 배포되더라도 독자들이 학습을 계속할 수 있도록 다음 절에서 3.6 버전의 파이썬을 설정하는 방법을 안내할 예정입니다. 그러니 지금은 Python 3.7을 선택하면 됩니다.

파이썬은 2버전과 3버전이 아주 다릅니다. 많은 개발자가 아직도 Python2 버전을 사용하고 있습니다. Ubuntu나 맥 사용자도 최초 OS 설치 후에 터미널에서 python -V이라고 명령을 주면 기본이 Python2 버전입니다. 그러나 2버전은 곧 지원이 중단될 예정이므로 이 책은 Python3 버전에 맞춰 설명합니다.

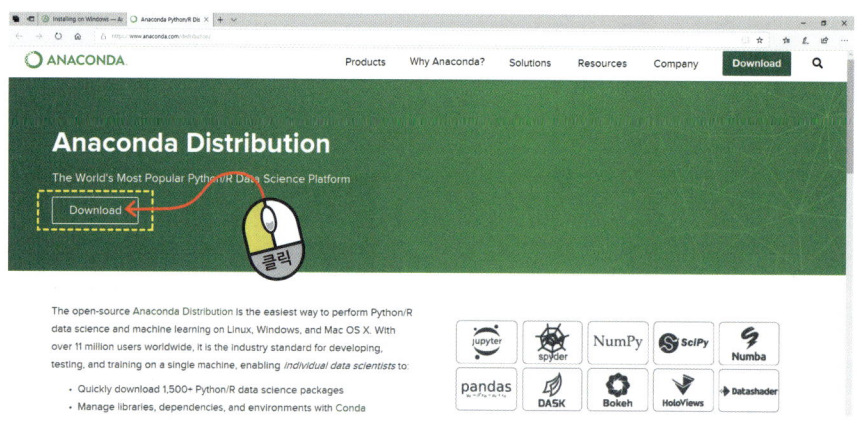

▲ 그림 1-1. Anaconda 다운로드 사이트

▲ 그림 1-2. Anaconda 최신 버전을 받는 화면

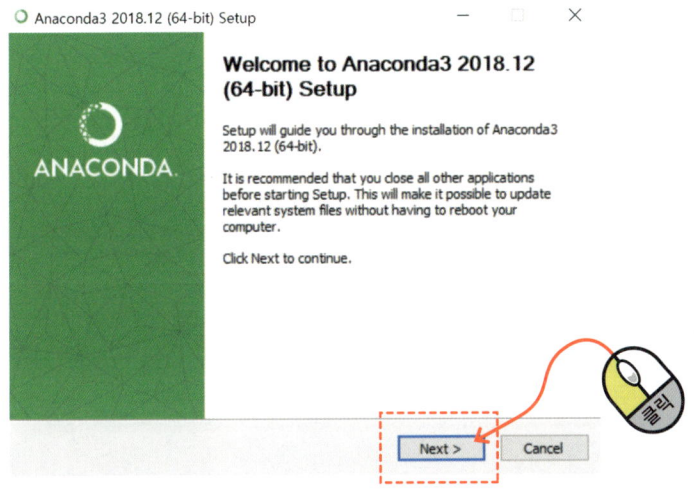

▲ 그림 1-3. 다운로드한 설치 파일을 실행한 화면

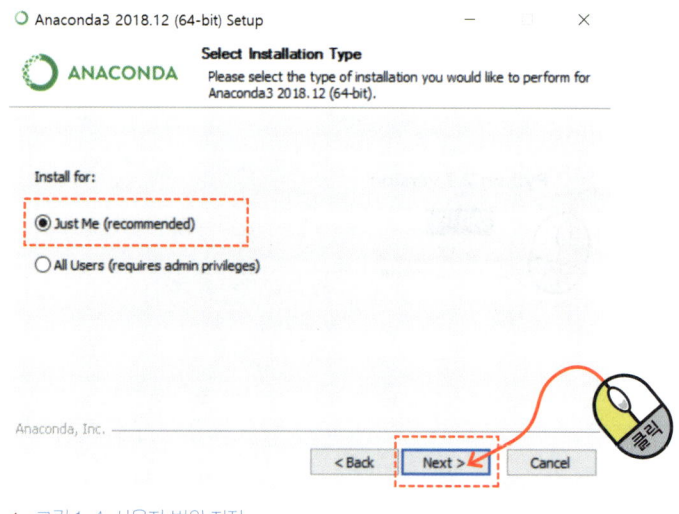

▲ 그림 1-4. 사용자 범위 지정

설치 위치는 기본으로 지정되는 위치(그림 1-5)를 바꾸지 않기를 권장합니다.

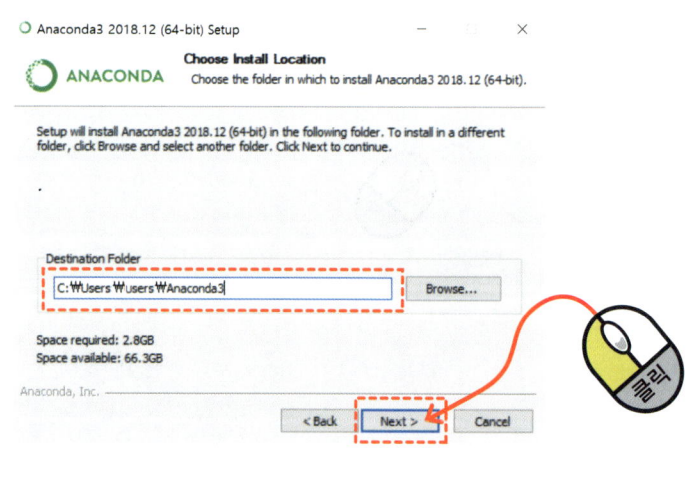

▲ 그림 1-5. 설치 위치 지정

아나콘다 이외의 다른 파이썬 배포판이 설치되어 있지 않다면, 그림 1-6과 같이 설정할 것을 권장합니다.

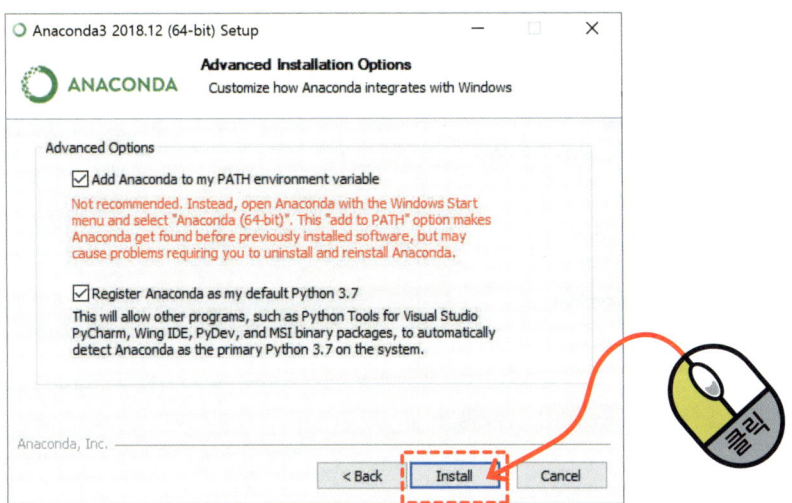

▲ 그림 1-6. 환경 변수에 경로 지정 화면

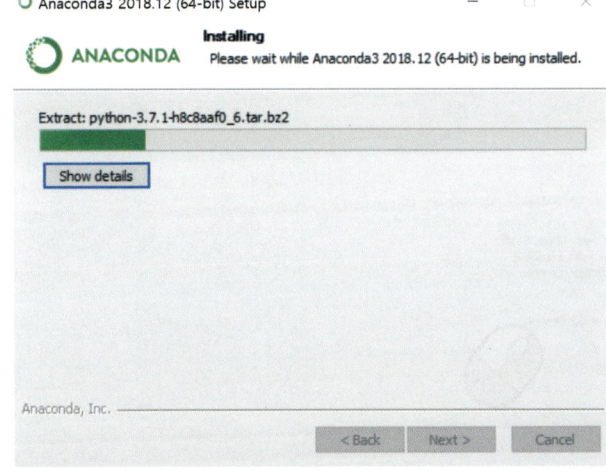

▲ 그림 1-7. 아나콘다 설치 중인 화면

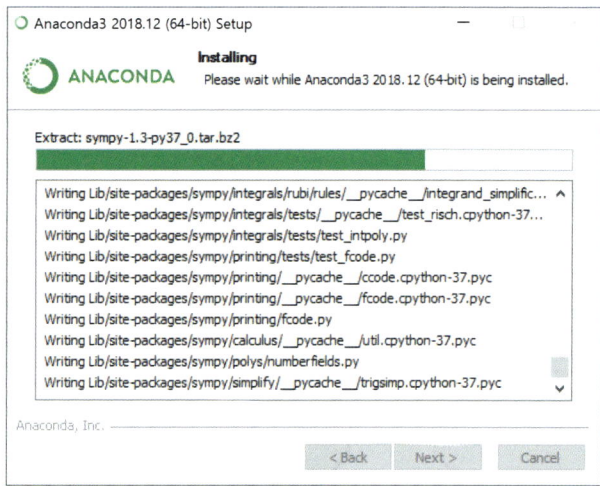

▲ 그림 1-8. 그림 1-7에서 Show detail을 누른 화면

그림 1-9는 마이크로소프트의 VSCode를 설치할 것인지 묻는 것입니다.

VSCode는 최근 많은 개발자에게 인기를 끌고 있는 코딩용 도구입니다. 기능이 강력하고 편해서 꼭 사용해 보시길 바랍니다.

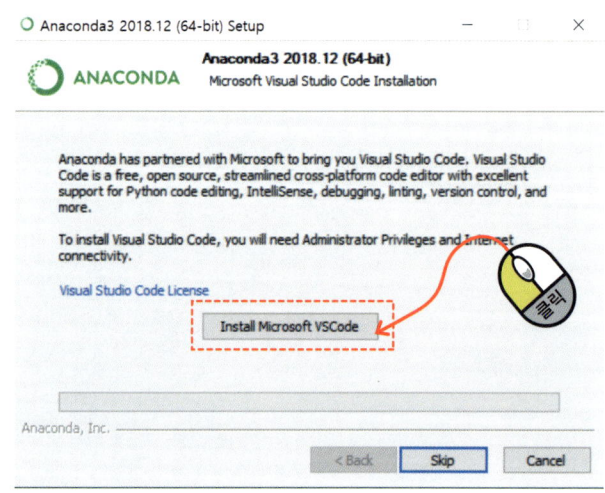

▲ 그림 1-9. VSCode의 설치 여부를 묻는 화면

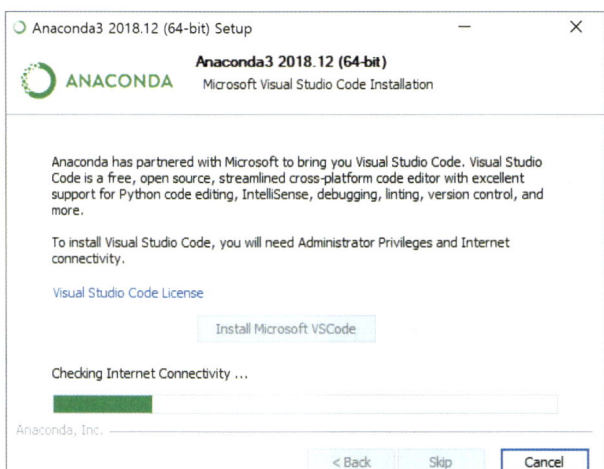

▲ 그림 1-10. VSCode 설치 화면

▲ 그림 1-11. 설치종료 화면

이제 전체 설치가 종료되었습니다. 윈도우 시작 버튼을 눌러 설치된 프로그램 목록에서 Anaconda3를 보면 설치된 프로그램들이 보입니다.

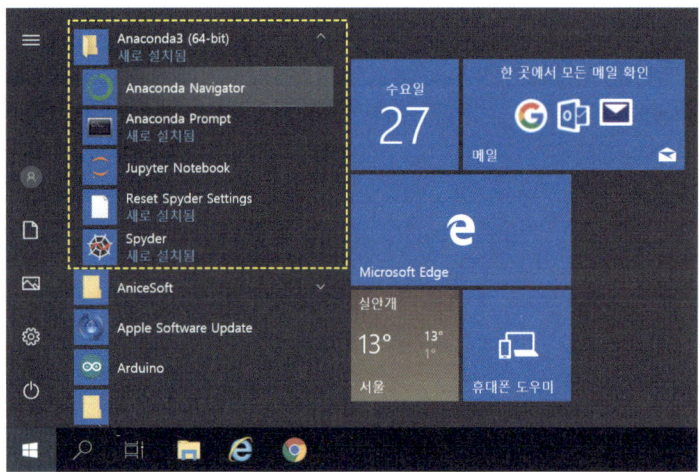

▲ 설치 종료 후 윈도우 시작 버튼을 눌렀을 때의 화면

1.2 Anaconda 환경 설정

앞에서 아나콘다를 설치했습니다. 이 책에서는 개발환경의 파이썬 버전을 Python 3.6으로 합니다. 아나콘다를 사용하면 처음 파이썬을 만나는 분들에게 편리하게 환경을 관리할 수 있도록 해줍니다. 어떤 이야기인지 한번 들여다보겠습니다.

앞의 그림 1-12에서 Anaconda Prompt를 실행합니다.

▲ 그림 1-13. Anaconda Prompt를 실행한 화면

아나콘다 프롬프트(Anaconda Prompt)는 아나콘다의 환경설정이 적용된 터미널(terminal)로 일종의 아나콘다용 터미널이라고 생각하면 됩니다. 맥이나 리눅스 사용자들은 터미널에 익숙한데, 윈도우 사용자들은 이 터미널에 익숙하지 않을 겁니다. 조금씩 사용하다 보면 생각보다 불편하지 않다는 것을 알게 될 겁니다. 아마 어느 순간에는 능수능란하게 터미널을 조작하는 자신의 모습에 스스로 감탄할 수도 있습니다.

아나콘다는 사용자의 선택에 맞게 환경을 설정할 수 있습니다. 환경(env)이라고 번역할 수밖에 없는 것이 아쉽지만, 아나콘다의 환경은 가상환경과는 좀 다릅니다. 파이썬의 버전과 추가 설치되는 모듈을 모두 사용자가 원하는 대로 맞출 수 있지만, PC의 성능을 나눠 써야 하는 가상환경은 아닙니다. 그림 1-14처럼

```
conda env list
```

라고 하면, 현재 만들어져 있는 환경(env) 목록이 나타납니다. base는 기본 환경입니다. 그래서 그림 1-14의 커서가 깜빡거리는 곳에 (base)라고 표기되어 있습니다. 이것이 환경의 이름입니다.

```
Anaconda Prompt                                    —  □  ×

(base) C:\Users\user>
(base) C:\Users\user>
(base) C:\Users\user>conda env list
# conda environments:
#
base                  *  C:\Users\user\Anaconda3


(base) C:\Users\user>
```

▲ 그림 1-14. conda env list 명령을 수행한 결과

환경을 설정하기 전에 환경을 구성하고, 아나콘다에서 관리하는 모듈을 설치하는 명령인 `conda`를 최신 버전으로 유지하는 명령을 사용해야 합니다.

`conda update -n base -c defaults conda`

위 명령의 의미는 conda 명령을 업데이트하라는 뜻입니다. -n은 이름(name)을 의미하고, -c는 채널(channel)을 의미합니다. 즉, 기본 채널 base 환경에서 conda 명령을 업데이트하라는 뜻입니다. 그리고 나서 1-15 그림의 하단에서 y를 눌러주면 업데이트가 진행됩니다.

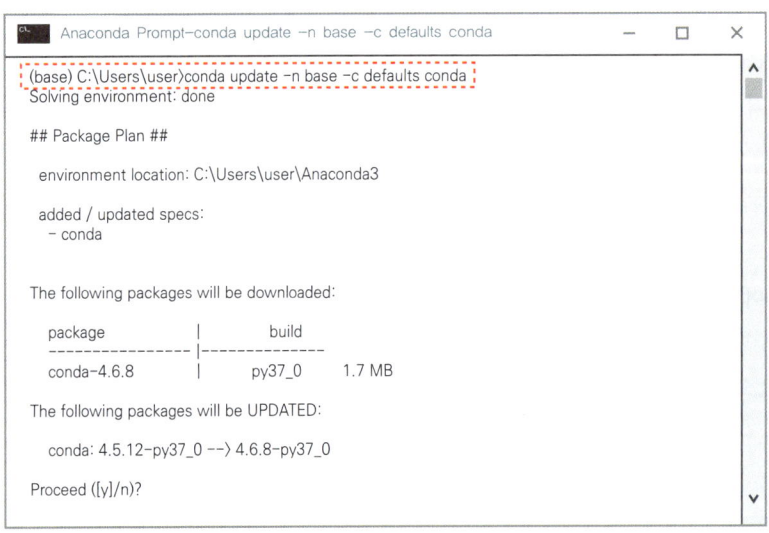

▲ 그림 1-15. conda update

conda 명령을 이용해서 설치에 성공하면 그림 1-16과 같이 나타납니다.

이제 이 절의 주제인 환경을 만듭니다. 앞에서 파이썬 3.7 버전의 아나콘다를 설치했지만, conda 명령으로 별도로 파이썬 3.6 환경을 만들 수 있습니다.

```
conda create -n study36 python=3.6
```

위 명령은 이해하기 어렵지 않습니다. conda 명령을 이용해서 이름(-n)이 study36인 환경을 python 버전 3.6으로 만들라는 의미입니다.

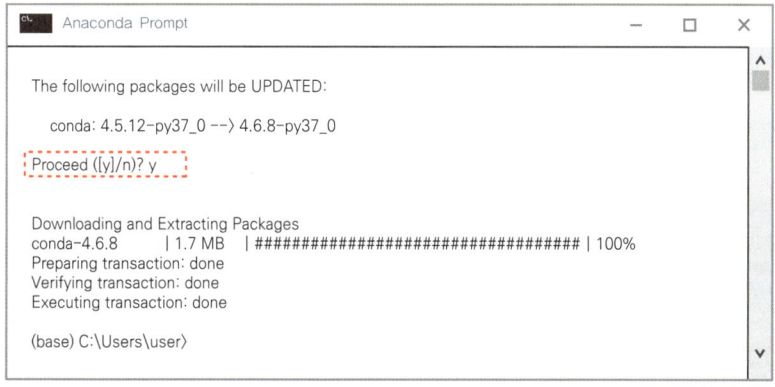

▲ 그림 1-16. conda update가 완료된 화면

이 명령을 수행하는 데는, 그림 1-17에 있지만, pip는 19.0.3을, python은 3.6을, setuptools는 40.8.0 등등을 설치한다는 의미입니다.

이걸 보면 알 수 있지만, 이 책을 학습하는 동안 많은 모듈을 설치해야 합니다.

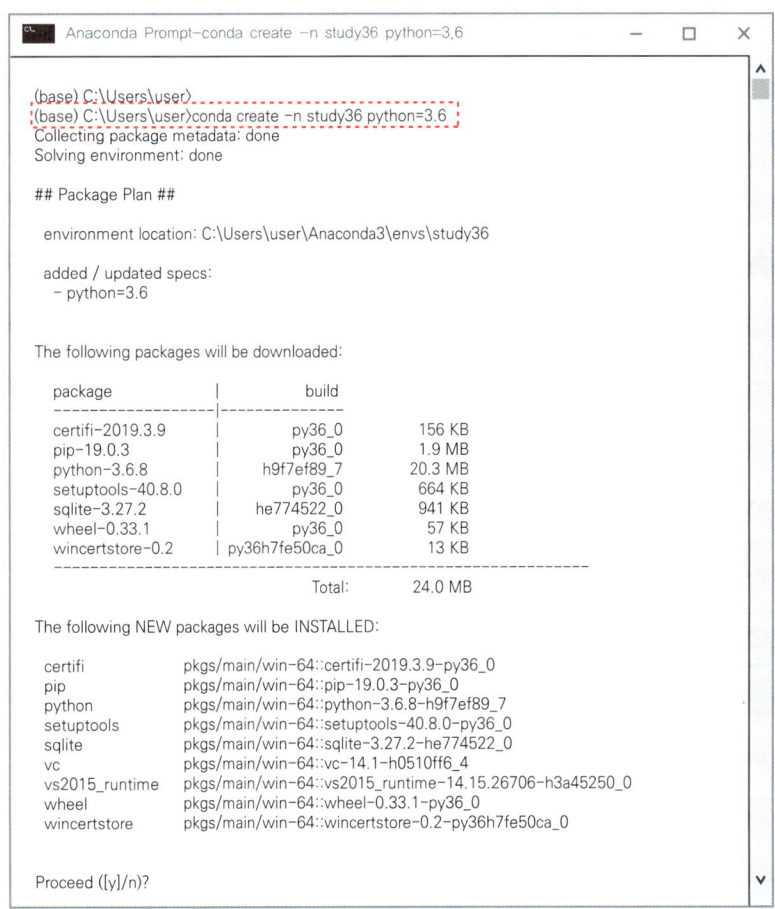

▲ 그림 1-17. conda create 명령으로 Python3.6 환경을 설정하는 화면

일단, 그림 1-17 화면에서 y를 누르고 진행합니다.

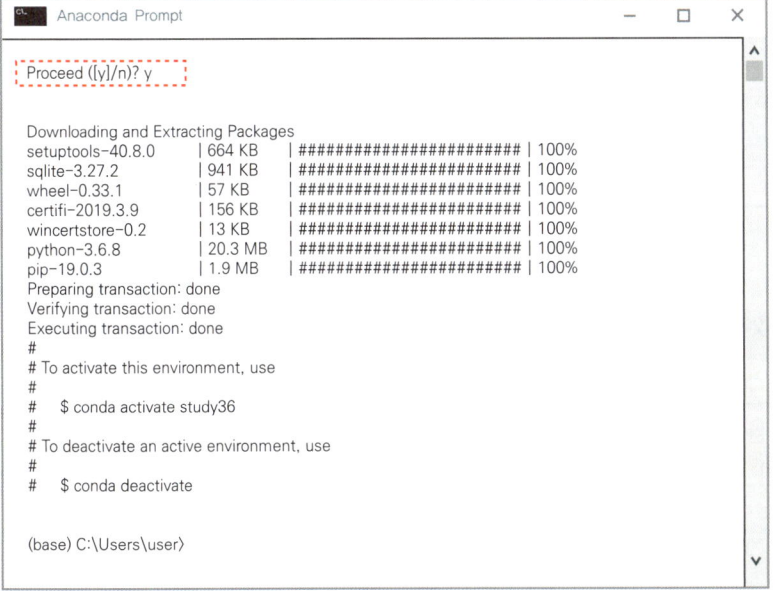

▲ 그림 1-18. conda create 명령으로 설정이 완료된 화면

설정이 모두 끝나면 그림 1-18과 같은 결과가 나타납니다. 잘 보면, 이 환경을 활성화하고 싶을 때와 활성화 상태에서 해제할 때 사용해야 하는 명령을 안내해 주고 있습니다.

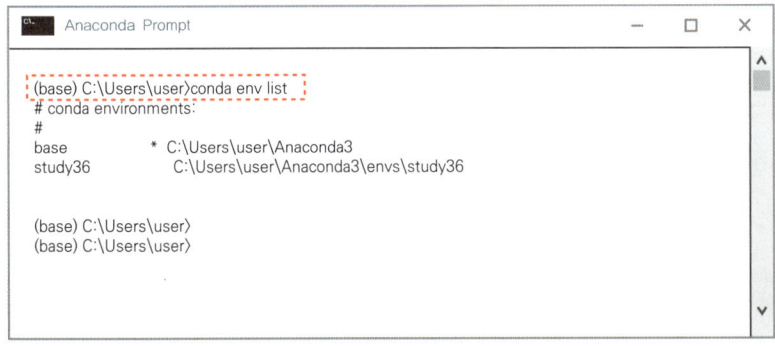

▲ 그림 1-19. conda env list 명령으로 환경 확인하기

`conda env list`

이 명령으로 현재 만들어져 있는 환경의 리스트를 볼 수 있습니다. 그림 1-14에서는 base 하나만 있었지만, 지금은 study36도 함께 나타납니다.

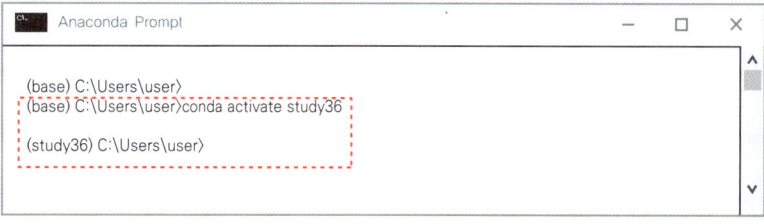

▲ 그림 1-20. conda activate 명령으로 환경 활성화하기

`conda activate study36`

그림 1-18에서 안내받은 대로, `conda activate` 명령으로 환경을 활성화할 수 있습니다. 그림 1-20에 보면 원하는 환경을 활성화하면, 명령 입력줄의 제일 왼쪽이 (base)에서 (study36)으로 변경된 것을 확인할 수 있습니다.

1.3 Python 모듈 설치와 Jupyter Notebook 실행하기

지난 절에 이어서 이번에는 모듈을 설치하고 Jupyter Notebook을 실행하는 부분을 다루겠습니다. 지난 절에도 이야기했지만, Anacodna Prompt를 실행하고, 우리가 만든 환경을 활성화해야 합니다.

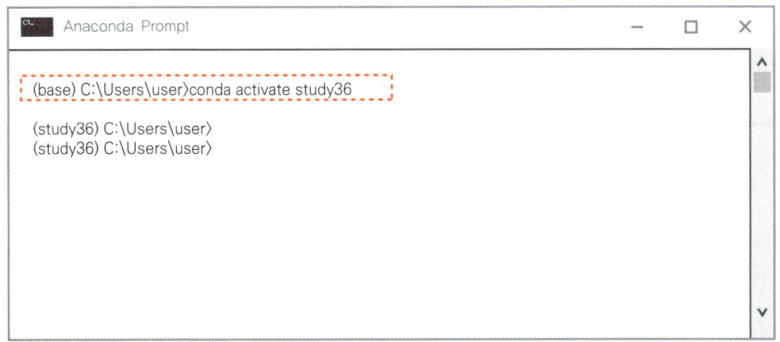

▲ 그림 1-21. conda activate로 개발환경으로 진입하기

```
conda activate study36
```

그러면 그림 1-21과 같은 화면일 겁니다. 반드시 제일 왼쪽에 (study36)으로 표기되는 것을 확인해야 합니다.

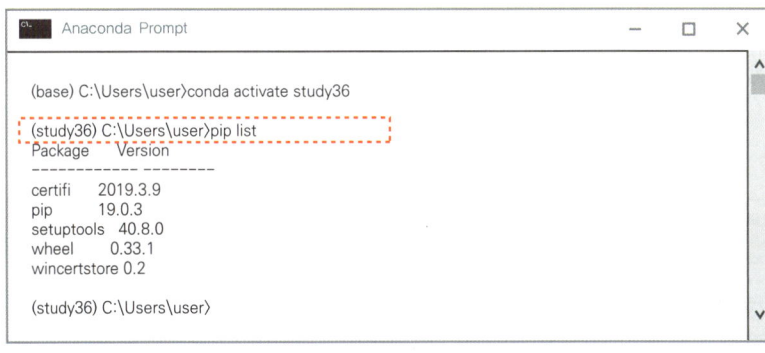

▲ 그림 1-22. pip list 명령으로 설치된 모듈 확인하기

```
pip list
```

명령 `pip list`로 현재 환경에서 설치된 python의 모듈들을 확인할 수 있습니다. 현재는 이제 막 환경을 만들었기 때문에 간단합니다.

아나콘다에서 모듈의 설치는 `conda` 명령을 이용해도 됩니다. 그러나, 아직은 파이썬에 익숙하지 않다고 생각하고 여러 가지 버전 간 의존성을 고려하여 `conda` 명령보다는 파이썬의 기본 패키지 관리자인 `pip`로 모듈을 설치하려고 합니다.

많은 파이썬 개발자와 그룹들이 자신의 파이썬 모듈을 등록하는 Python Package Index(PyPI)라는 저장소가 있습니다. 이 저장소에 나의 환경으로 패키지를 설치해 주는 툴이 `pip`입니다. 먼저 Jupyter Notebook이라는 개발환경을 설치하기 위해 가장 간단한 방법으로 `pip` 명령을 사용해 보겠습니다.

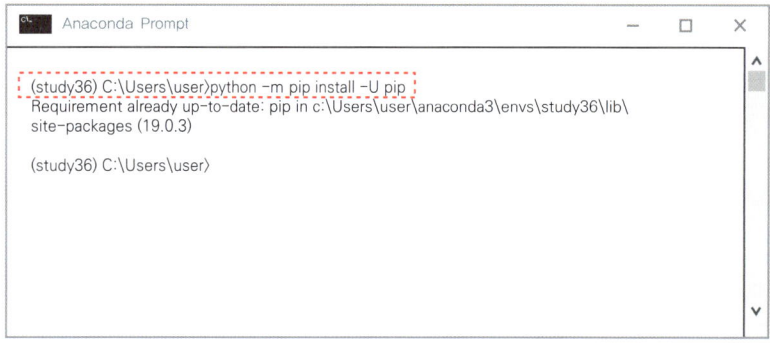

▲ 그림 1-23. pip 업데이트하기

그전에 먼저 `pip`의 버전을 최신으로 유지하는 명령을 사용합니다.

`python -m pip install -U pip`

Python 명령 뒤에 옵션 -m은 모듈을 실행하는 명령입니다. `pip` 명령을 Python에서 스크립트처럼 실행하라는 의미입니다. install 뒤의 -U는 관련 모듈을 업데이트하라는 뜻입니다. 오늘 하루에 1장을 모두 따라오는 분들은 당연히 그림 1-23처럼 업그레이드 할 것이 없다는 메시지를 받을 겁니다.

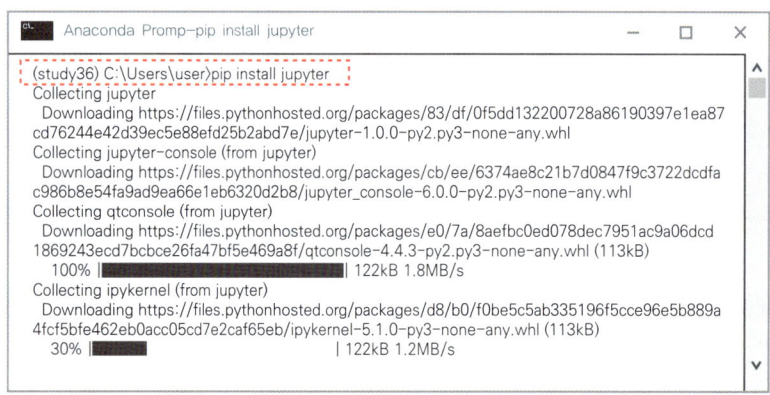

▲ 그림 1-23. pip 업데이트하기

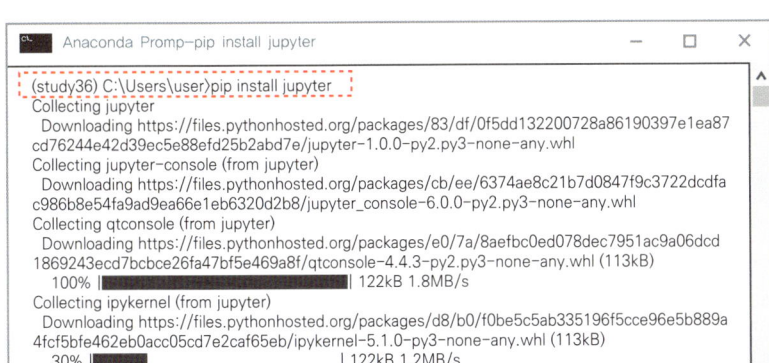

▲ 그림 1-24. Jupyter Notebook 설치하기

`pip install jupyter`

이제 `pip` 명령으로 Jupyter를 설치합니다. Jupyter는 다른 모듈이 많이 필요해서 설치하는데 시간이 조금 오래 걸립니다.

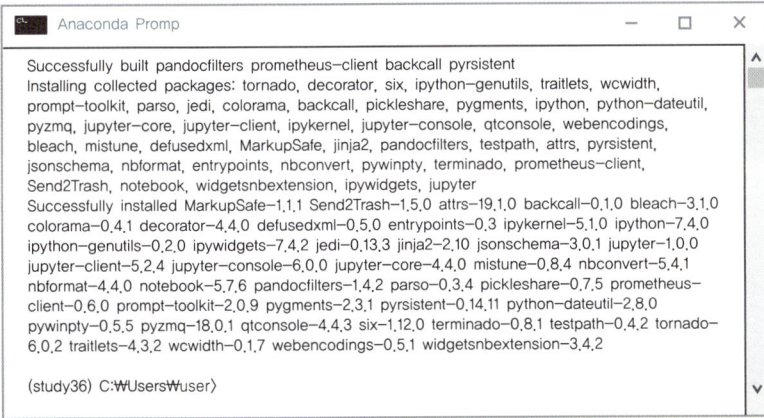

▲ 그림 1-25. Jupyter Notebook 설치 완료 화면

그림 1-25에 보듯이 정말 많은 모듈을 설치했다는 것을 알 수 있습니다.

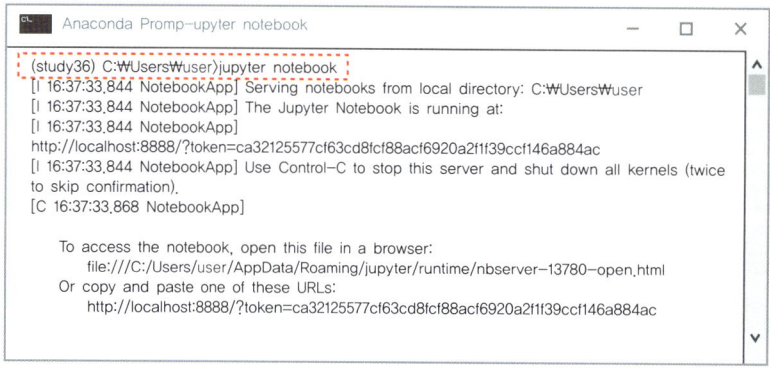

▲ 그림 1-26. Jupyter Notebook 실행하기

`jupyter notebook`

이제 터미널에서 그림 1-26처럼 Jupyter Notebook이라고 입력하면 됩니다.

그림 1-26에 있는 터미널은 절대 닫으면 안 됩니다. 접근해야 할 주소는 localhost:8888이라고 되어 있습니다. 이 상태에서 여러분들의 PC의 웹브라우저가 실행될 것입니다.

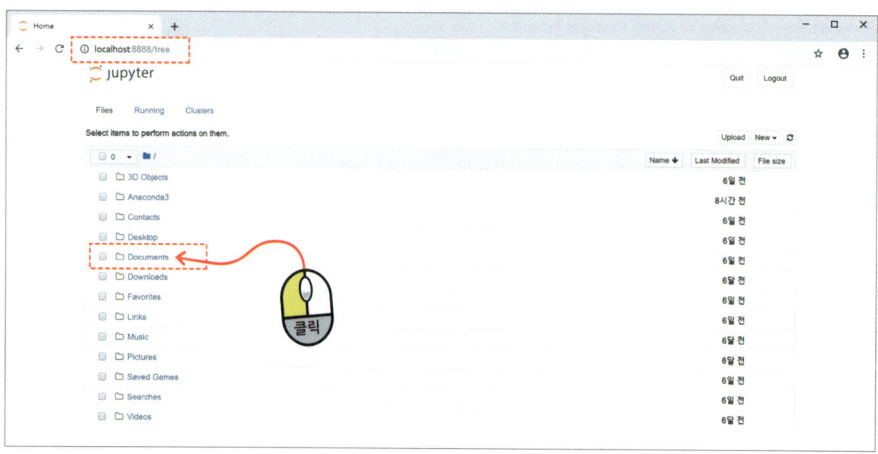

▲ 그림 1-27. Jupyter Notebook 실행하기

그림 1-27처럼 나타나겠지만, 이 책에서는 여러분들이 기본 웹브라우저로 구글 크롬을 사용하고 있다고 가정하겠습니다. 브라우저 점유율이 50%가 넘는다는 크롬이 제 개인적으로는 Jupyter와 가장 어울리는 브라우저였고, 책에서는 다루지 않지만, 제가 자주 사용하는 몇몇 모듈은 마이크로소프트의 브라우저에서는 오류가 있었습니다. Jupyter Notebook은 웹브라우저를 이용해서 작업을 하는 개념입니다

그림 1-27에서 Documents 폴더를 선택합니다. 윈도우의 탐색기에서 만들어도 되지만, Jupyter Notebook에 익숙해질 겸 여기서 작업할 폴더부터 만들어 보겠습니다. 좌측에 있는 New를 누르면 나타나는 메뉴에서 Folder를 선택합니다.

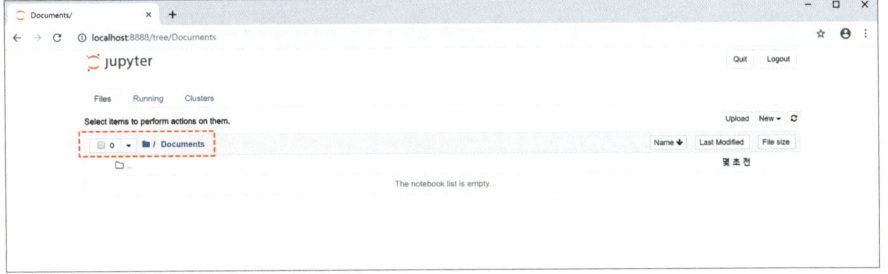

▲ 그림 1-28. Jupyter Notebook에서 내문서(documents)로 이동

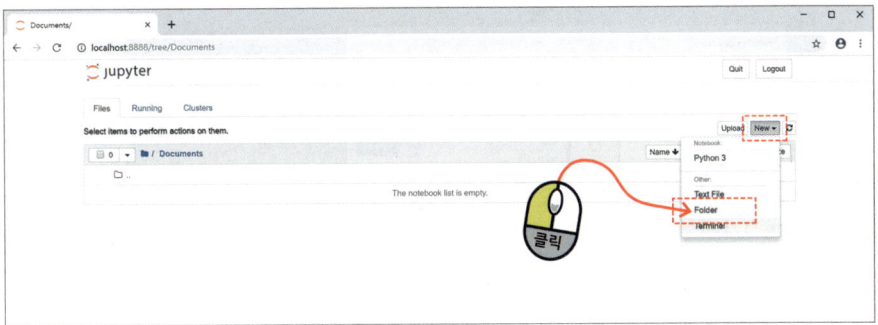

▲ 그림 1-29. Jupyter Notebook에서 새로운 폴더를 만드는 화면

▲ 그림 1-30. 폴더 새로 생성

그렇게 나타난 Untitled Folder 옆의 체크박스를 선택하면 나타나는 아이콘에서 Rename을 선택합니다.

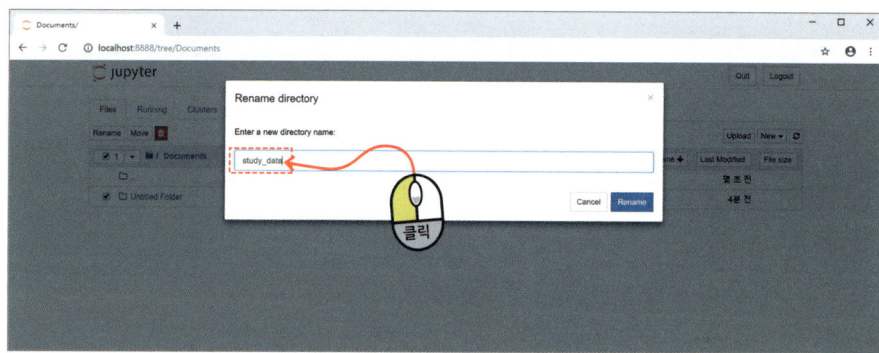

▲ 그림 1-31. 폴더 이름 바꾸기

그리고 폴더 이름을 study_data로 변경합니다. 앞으로 우리는 이 폴더를 우리의 학습 폴더로 하겠습니다. 위치는 내 문서 밑의 study_data입니다.

▲ 그림 1-32. 이름이 바뀐 작업 폴더

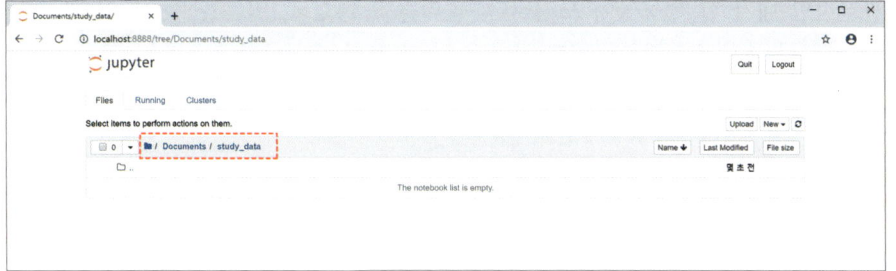

▲ 그림 1-33. 주 작업 폴더에 들어온 화면

이제 폴더명까지 바꿨으니 해당 폴더를 클릭해서 들어갑니다.

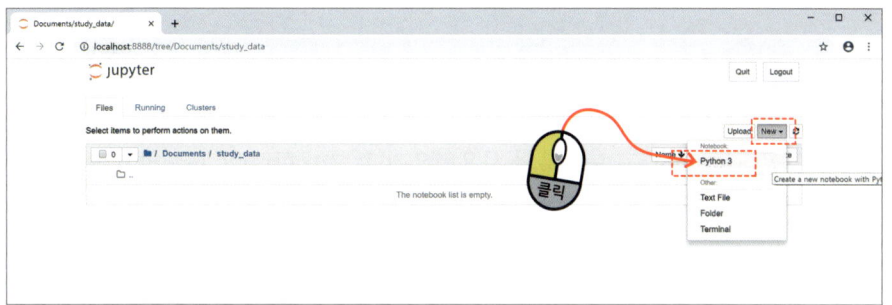

▲ 그림 1-34. Python3 새로 작업할 파일 만들기

New 버튼을 눌러 Python3를 선택합니다.

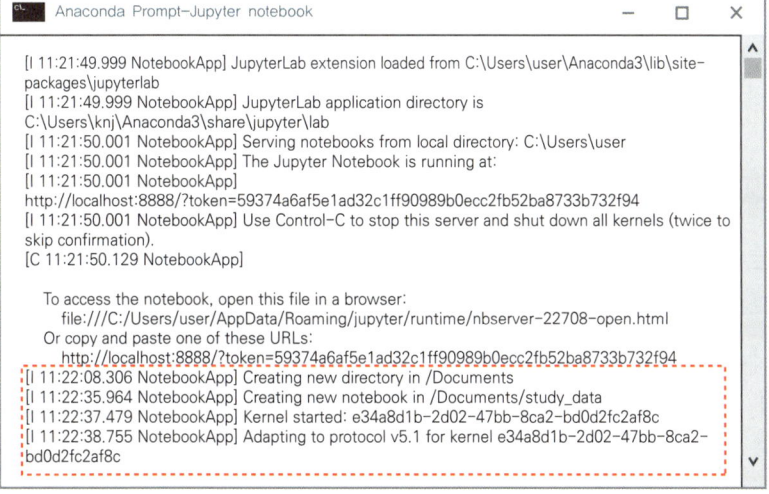

▲ 그림 1-35. Jupyter를 실행할 때 터미널의 모습

이때 터미널을 관찰하면 내가 한 행동들이 보입니다. 폴더를 만들었고, 이름을 바꾸는 등등. 나중에 알 수 없는 에러도 여기서 메시지로 나타나기도 합니다. 다시 한번 강조하지만 Jupyter를 실행하는 동안 이 터미널을 끄면 안 됩니다.

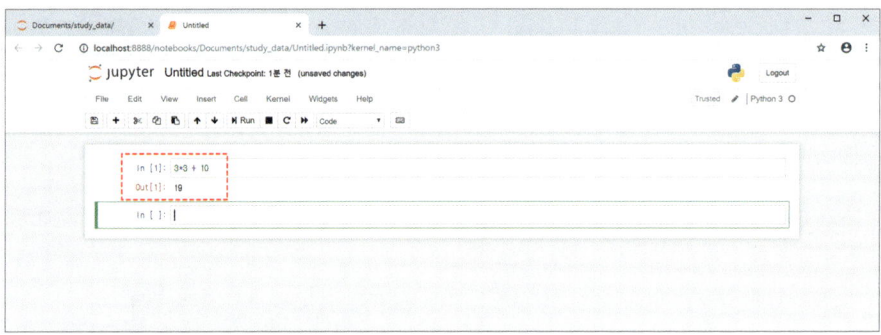

▲ 그림 1-36. Jupyter Notebook 실행 화면

이제 처음으로 파일을 열었네요. Jupyter 노트북의 사용법은 아주 간단합니다. In이라고 되어 있는 입력 셀에 마우스를 클릭하고, 그림 1-36처럼 계산기 사용하듯이 입력하고, (SHIFT)+(ENTER)를 누릅니다. 그러면 그림 1-36처럼 결과가 Out이라고 표기된 셀에 나타납니다.

```
In [1]:  3 * 3 + 10
Out[1]:  19

In [2]:  print("Hello! World")
         Hello! World

In [ ]:
```

▲ 그림 1-37. Hello! World

이제 print함수를 사용해 보겠습니다. print함수는 원하는 내용을 출력하는 함수입니다. print함수에 Hello! World라고 입력하고 (SHIFT)+(ENTER)를 누릅니다. 그러면 출력영역에 출력이 됩니다.

그림 1-37에 추가로 설명해야 할 것이 있습니다. Jupyter Notebook은 옆에 있는 번호 순서대로 실행된 것으로 생각하면 됩니다. 그리고, 입력 셀에 print문이 없어도, 계산 결과나 변수 이름이 마지막에 있는 경우는 해당 결과를 출력영역에 보여줍니다. 물론 print문이 있으면 당연히 출력합니다.

1.4 Jupyter Notebook 사용법

마이크로소프트의 비주얼 스튜디오나 파이참과 같은 개발환경을 사용한 적이 있는 분이라면 Jupyter Notebook은 약간 생소할 겁니다. 아무래도 그냥 웹브라우저 하나 덩그러니 떠 있는 모습이 어색할 수 있습니다. 이번 절에는 Jupyter Notebook 사용법을 확인해 보도록 하겠습니다.

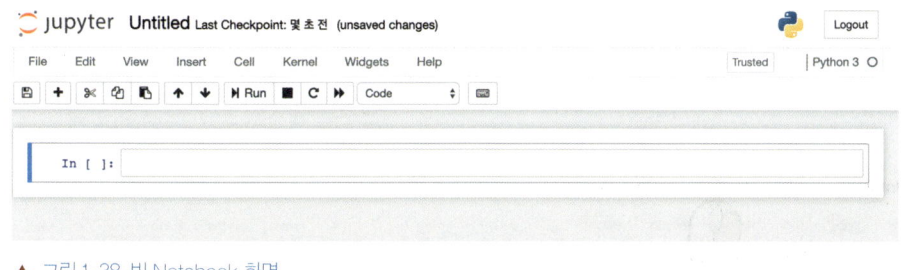

▲ 그림 1-38. 빈 Notebook 화면

그림 1-38과 같이 빈 노트북 파일을 열어보죠. 이 빈 화면에서도 알아야 할 것들이 있겠죠.

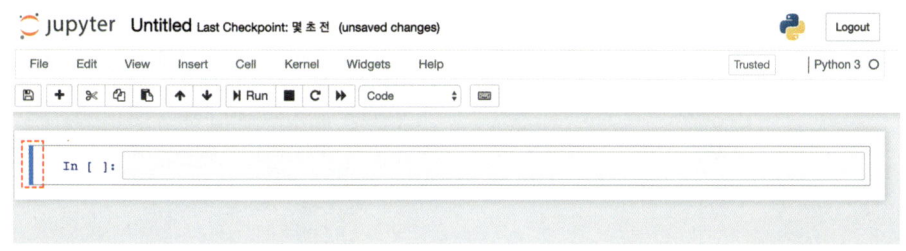

▲ 그림 1-39. 셀 선택 모드

먼저 그림 1-39에서 표시된 부분이 파란색이면, 입력 영역에 커서는 보이지 않을 겁니다. 이 상태는 입력 영역이 편집모드는 아니고 선택만 되어 있는 상태입니다. 이 상태에서는 이 셀을 코드(code) 영역으로 사용할 것인지, 바로 다음 절에서 배우게 될 마크다운(markdown) 문서 편집 모드로 사용할 것인지 선택할 수 있습니다. 또한, 셀 복사나 붙여넣기 등을 선택할 수 있는 상태입니다.

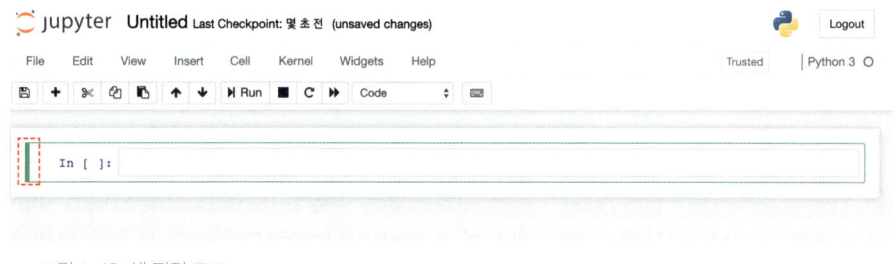

▲ 그림 1-40. 셀 편집 모드

편집 모드에서는 코드 또는 문서를 작성할 수 있습니다.

코드든 문서든 실행 단계를 거쳐야 하는데, 그 키가 앞에서 말한 SHIFT + ENTER 입니다. SHIFT 대신 ALT 를 선택하면 아래에 셀이 있어도 다시 빈 셀을 만듭니다.

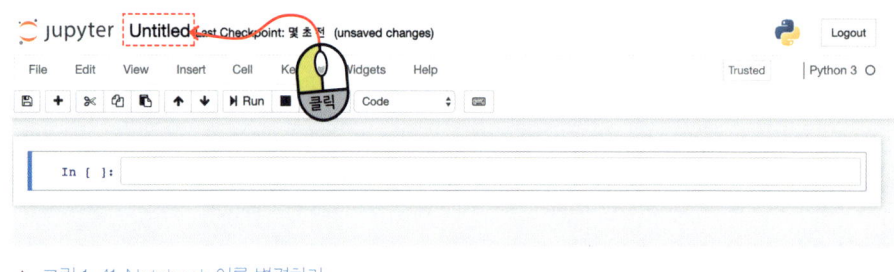

▲ 그림 1-41. Notebook 이름 변경하기

그림 1-41의 Untitled 부분을 클릭하면 Notebook의 이름을 변경할 수 있습니다.

1.5 Markdown 문서 이해하기

```
<div align="center"><img src="./img_01/036.jpg"></div>
<div align="center">그림 1-36. Jupyter note 실행 화면</div>
```

이제 처음으로 파일을 열었네요. Jupyter 노트북의 사용법은 아주 간단합니다. In 이라고 되어 있는 입력 셀에 마우스를 클릭하고, 그림 1-36처럼 계산기 사용하듯이 한 번 입력을 합니다. 그리고, `<KBD>SHIFT</KBD>`+`<KBD>ENTER</KBD>`를 누릅니다. 그러면 그림 1-36처럼 결과가 Out 이라고 표기된 셀에 나타납니다.

```
<div align="center"><img src="./img_01/037.jpg"></div>
<div align="center">그림 1-37. Hello World</div>
```

이제 print 함수를 사용해 보겠습니다. print 함수는 원하는 내용을 출력하는 함수입니다. print 함수에 Hello! World라고 입력하고 `<KBD>SHIFT</KBD>`+`<KBD>ENTER</KBD>`를 누릅니다. 그러면 출력 영역에 출력이 됩니다.
그림 1-37에서는 조금 추가로 해야할 말이 있습니다. Jupyter notebook은 옆에 있는 번호의 순서대로 실행된 것이라고 생각하면 됩니다. 그리고, 입력셀에 print문이 없어도, 계산 결과나 혹은 변수 이름이 마지막에 있는 경우는 해당 결과를 출력 영역에 보여줍니다. 물론 print 문이 있으면 당연히 출력을 합니다.

▲ 그림 1-42. markdown 문서로 작성 중인 화면

그림 1-42는 어떤 그림일까요. 출판하기 위해 제가 Jupyter Notebook으로 편집하는 장면으로 이 상태로 출판사에 html 형식으로 전달될 예정입니다. 제가 하려는 말은 언어를 이용해서 무언가를 개발하는 환경인 Jupyter Notebook은 그 과정에서 문서를 만들기가 아주 편리하다는 겁니다. 즉 문서로서의 가치를 가지게 한다는 것이죠.

문서로서의 가치를 가진다는 것이 무엇일까요?

- 코드를 블록별로 실행한 결과를 저장하면, 다시 문서를 불러왔을 때 그 결과를 재실행하지 않아도 볼 수 있습니다. (프로그램의 실행 과정에서 변수가 메모리에 저장된다는 의미는 아닙니다)
- 데이터를 핸들링하는 과정과 그 결과를 함께 저장해서 볼 수 있어서 개발환경이 구축되지 않은 사람도 코드를 함께 볼 수 있습니다.
- 마크다운 문서를 이용하면 주석보다 더 상세히 더 많은 이야기를 할 수 있습니다.

그래서 내가 만들었거나 공부한 내용을 저장해서 다시 읽을 수 있도록 만들고, 심지어 공유도 할 수 있습니다. 이 덕분에 우리는 github이나 kaggle 같은 곳에서 Jupyter Notebook 파일을 웹에서 실행은 못해도 바로 읽어볼 수 있습니다. 심지어 구글 문서는 무료로 Python을 실행해 볼 수도 있습니다.

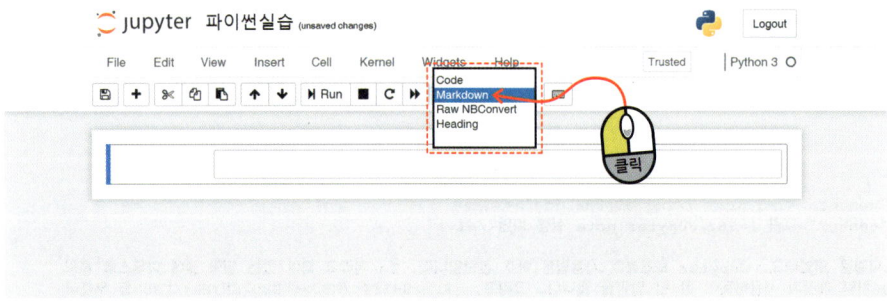

▲ 그림 1-43. markdown 문서 선택하기

셀을 선택하고, 셀의 종류를 선택하는 화면에서 Markdown을 선택합니다. 편집 모드가 아닌 셀 선택만 한 상태에서 키보드의 M을 눌러도 됩니다.

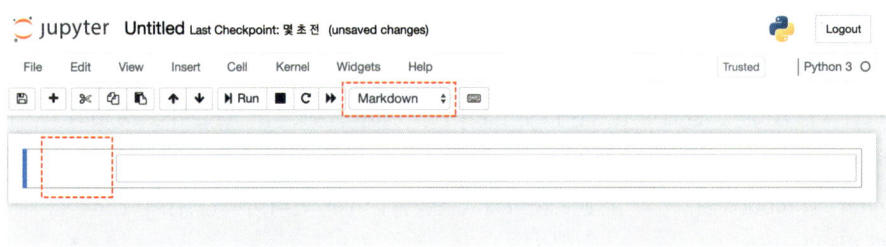

▲ 그림 1-44. markdown으로 선택된 화면

그러면, 그림 1-44처럼 In하고 나타나던 번호가 나타나지 않습니다. 이 상태에서 글을 입력하고 역시 SHIFT + ENTER 를 입력하면 마크다운이 적용됩니다. 이제 자주 쓰는 마크다운 문법을 몇 가지 소개하겠습니다.

1.5.1 제목 레벨

마크다운에서는 제목의 레벨을 #으로 조절합니다. #이 하나이면, 큰 제목, ##이면 중간 제목, ###이면 작은 제목입니다. 사용하는 방법은 제목의 처음에 쓰면 됩니다.

#을 이용해서 제목을 지정한 후에 실행(SHIFT + ENTER)하면 됩니다.

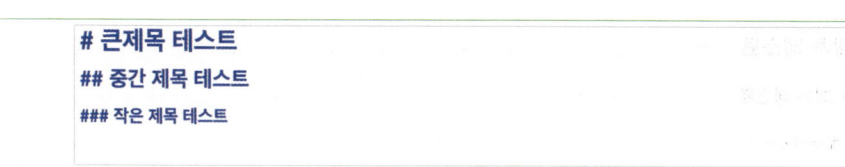

▲ 그림 1-45. #을 이용한 제목 레벨 지정

그러면 그림 1-46처럼 바뀝니다.

▲ 그림 1-46. 제목 레벨이 적용된 화면

1.5.2 목록

저는 개인적으로 문서화 할 때는 번호 없는 목록을 많이 사용합니다. 번호 없는 목록은 글 처음에 별표(*)를 사용하면 됩니다. 계층은 탭으로 들여쓰기를 하고 별표를 사용하면 됩니다.

▲ 그림 1-47. 번호 없는 목록

그림 1-47처럼 번호 없는 목록을 만들고 실행하면 됩니다.

> 큰제목 테스트
>
> **중간 제목 테스트**
>
> **작은 제목 테스트**
> - 번호없는 목록 테스트
> - 번호없는 목록은 * 표를 사용
>   - 탭을 입력하고 * 를 사용해먼 들여쓰기가 적용됨
>   - 손쉽게 사용할 수 있는 번호없는 목록
>
> In [ ]:

▲ 그림 1-48. 번호 없는 목록이 적용된 화면

이제 번호 없는 목록을 확인할 수 있습니다.

1.5.3 굵은 글씨, 기울인 글씨, 굵은 상태에서 기울인 글씨

마크다운은 마우스를 사용하지 않고 최소한의 기능으로 문서를 편집하는 방법입니다. 그래서 많이 사용하는 기능은 아주 간편하게 구성되어 있습니다. 별표 하나는 기울인 글씨, 별표 두 개는 굵은 글씨, 세 개는 굵게 기울인 글씨입니다.

> *기울인 글씨*와 **굵은 글씨**와 ***굵게 기울인 글씨*** 테스트
>
> In [ ]:

▲ 그림 1-49. 기울이거나 굵은 글씨

그림 1-49처럼 하면 됩니다. 이때 별표끼리 감싸야 하고, 그 별표와 별표 안쪽 글자는 간격이 없어야 합니다.

> 기울인 글씨와 **굵은 글씨**와 ***굵게 기울인 글씨*** 테스트
>
> In [ ]:

▲ 그림 1-50. 기울이거나 굵은 글씨 결과

1.5.4 이미지 입력

마크다운 기본 이미지 입력은 제한 사항이 많이 있습니다. 저는 개인적으로는 마크다운 문서에서도 html 태그를 사용하는 것이 몇 가지 있는데 그중 하나가 이미지 입력입니다. img 태그를 바로 사용하면 됩니다.

```
<div align="center"><img src="./img_01/045.jpg"></div>
```

▲ 그림 1-51. img 태그 사용

img 태그로 이미지의 경로를 지정하고 이름을 지정하면 됩니다. 그 양옆의 div 태그는 가운데 정렬을 하기 위해 사용했습니다.

1.6 설치를 마치며

아직 이야기하지 않은 기능이 많이 있지만 기억해야 할 것은 이 책의 목표는 하나하나 조목조목 따져 익히는 것이 아니라, 필요한 것을 필요한 순간에 익히며 빠르게 진행하는 것이므로 그와 관련된 내용은 각 장에서 그때그때 소개하겠습니다.

Chapter 02

서울시 청소년 정신건강 분석

이 장은 서울시 청소년 정신건강 분석이라는 주제로 데이터를 정리하고 그래프로 표현하는 부분을 다루려고 합니다. 사실 딱 원하는 목표만큼 코드를 작성해보면 몇 줄 안 되는 작업입니다. 그러나 본 주제의 의미는 이 작은 프로젝트를 통해서 파이썬에 빠르게 적응하는 것이 목표입니다. 이번 장에서는 pandas와 matplotlib를 학습할 계획입니다. 이 두 모듈은 어떤 경우에는 각각 한 장을 차지할 수도 있는 주제입니다. 우리는 그 내용을 튜토리얼 수준으로 빠르게 진행할 예정입니다. 독자 여러분들은 이 장을 정말 빠르게 따라가면서 의문을 하나씩 찾아가며 학습하면 좋다고 생각합니다.

2.1 데이터 확보하기

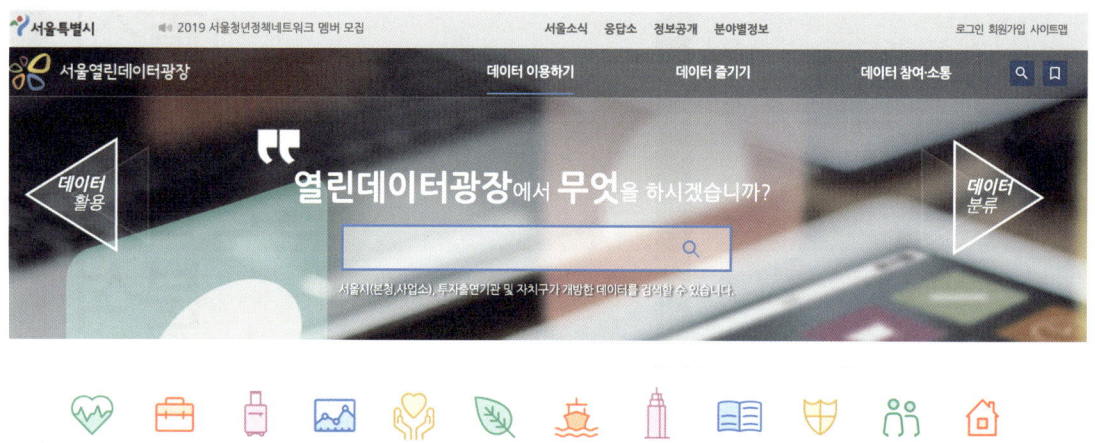

▲ 그림 2-1. 서울시 열린 데이터광장 홈페이지 화면

그림 2-1에 있는 서울열린데이터광장을 찾아갑니다. 구글에서 검색해도 되고 홈페이지 주소인 https://data.seoul.go.kr/을 직접 입력해서 찾아가도 됩니다. 이 사이트는 실제 데이터가 풍부해서 데이터 분석을 처음 하는 경우 실습용 데이터를 많이 얻을 수 있습니다.

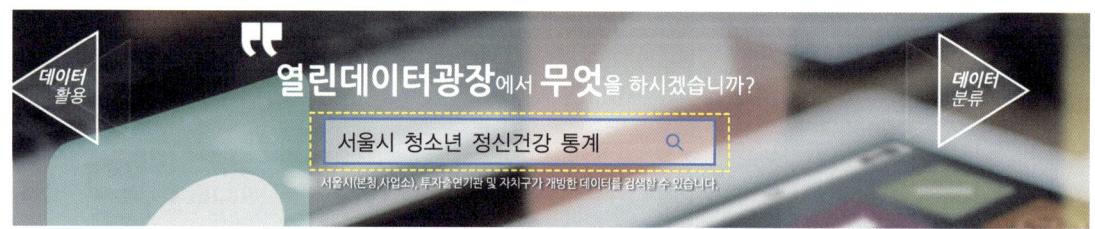

▲ 그림 2-2. 서울시 청소년 정신건강 통계를 검색하는 화면

그림 2-2처럼 서울시 청소년 정신건강 통계라고 입력해서 검색합니다.

▲ 그림 2-3. 서울시 청소년 정신건강 통계를 검색결과

그러면 그림 2-3처럼 데이터셋이 나타납니다.

▲ 그림 2-4. 서울시 청소년 정신건강 통계 데이터 뷰 페이지

그림 2-4의 데이터 페이지를 보면 데이터의 신뢰성을 확인하는 개요가 보입니다.

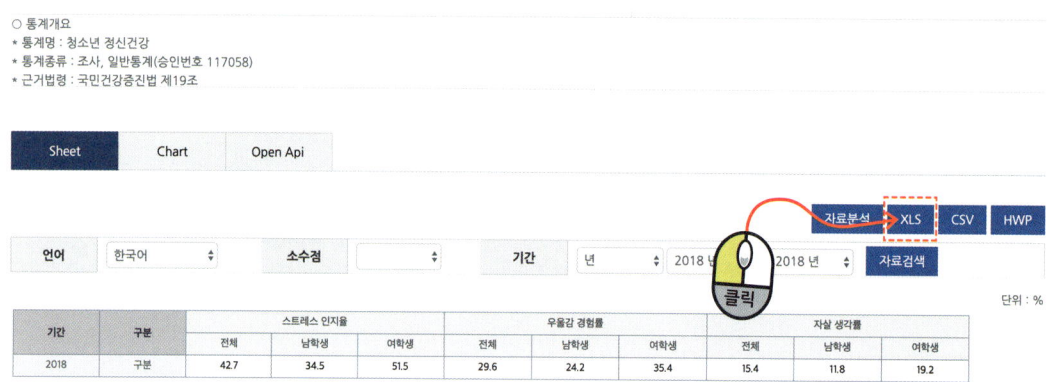

▲ 그림 2-5. 서울시 청소년 정신건강 통계 데이터 내용

그림 2-5까지 화면을 스크롤한 후 XLS를 선택하면 엑셀 파일 형태로 데이터를 받을 수 있습니다. 받은 데이터는 Report.xls로 저장됩니다.

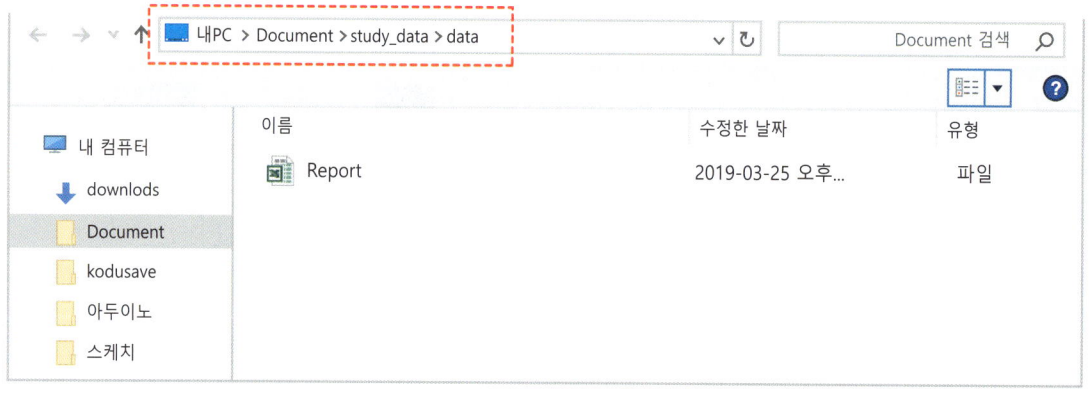

▲ 그림 2-6. 다운로드한 데이터 파일을 작업 경로로 이동하기

그림 2-5에서 받은 데이터를 그림 2-6에서처럼 1장에서 만들어 둔 study_data 폴더 아래에 data 폴더를 만들고 그 아래에 복사합니다.

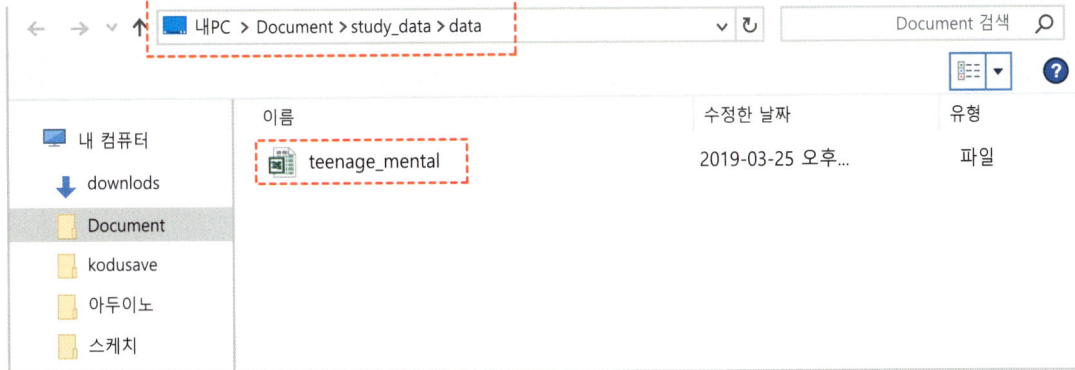

▲ 그림 2-7. 다운로드한 데이터 파일 이름 변경하기

그리고 그림 2-7처럼 다른 파일과 혼동하지 않도록 이름을 teenage_mental.xls로 변경합니다.

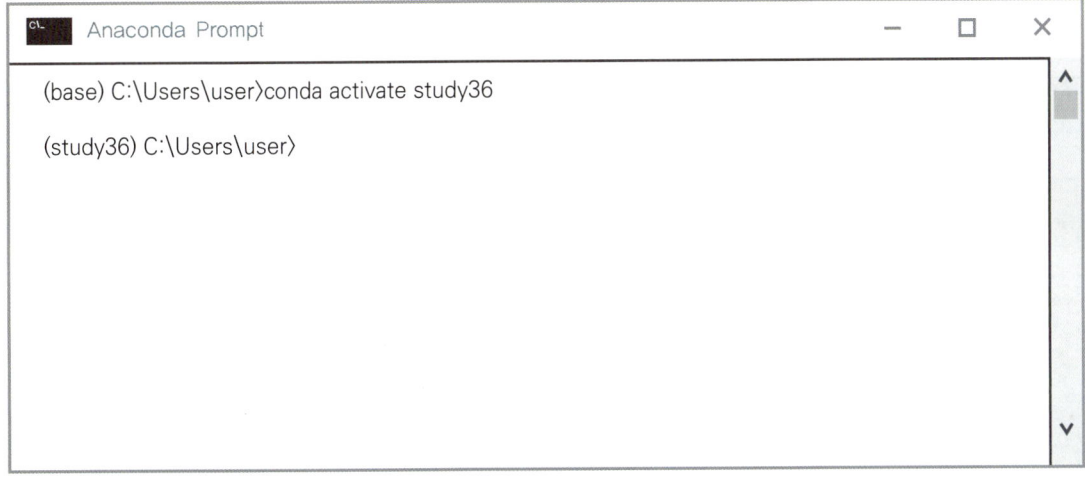

▲ 그림 2-8. conda

이제 1장에서 했던 study36 환경을 활성화합니다.

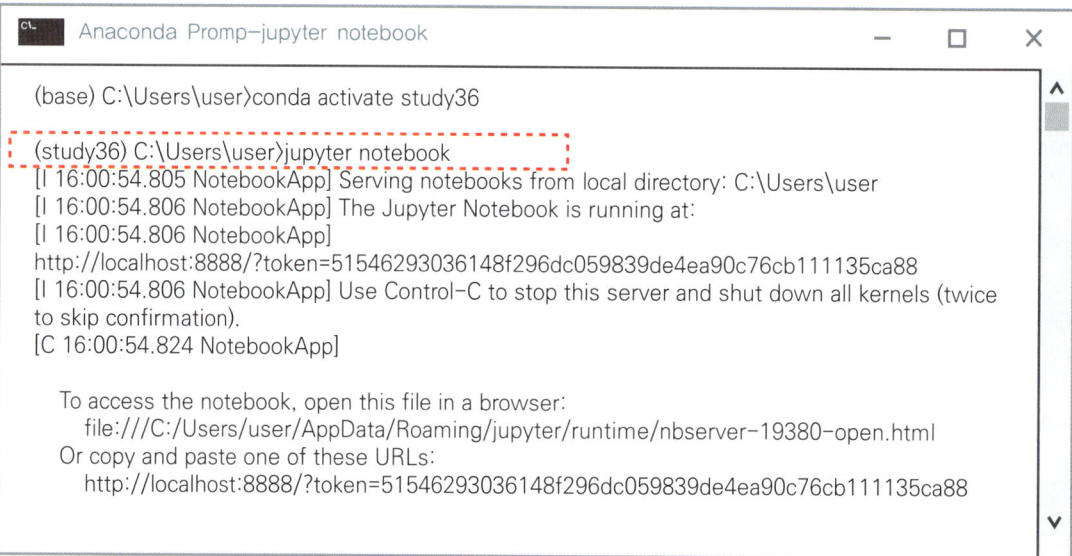

▲ 그림 2-9. 활성화된 콘다 환경에서 Jupyter Notebook 실행

그리고, Jupyter Notebook을 실행합니다.

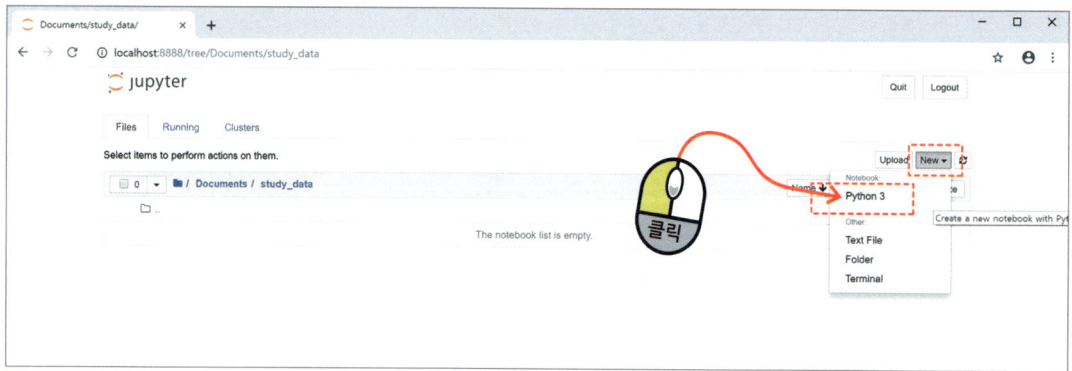

▲ 그림 2-10. Jupyter Notebook 홈 화면

실행된 웹브라우저에서 New → Python3를 선택해서 새로운 노트북을 실행합니다.

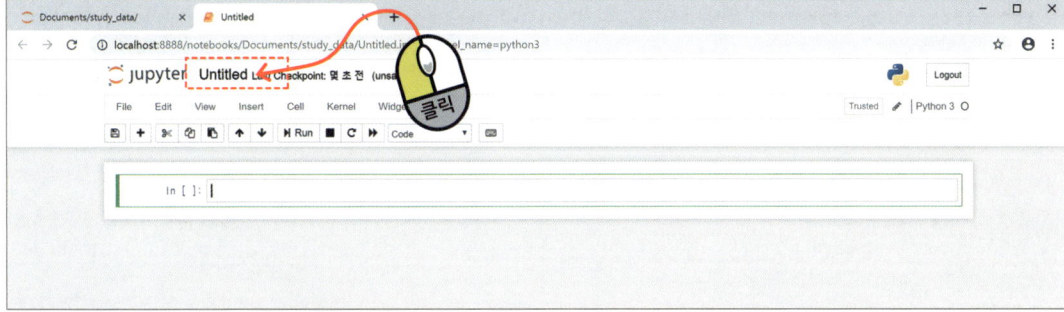

▲ 그림 2-11. 새로운 노트북을 실행한 화면

Untitled를 눌러서 이름을 변경합니다.

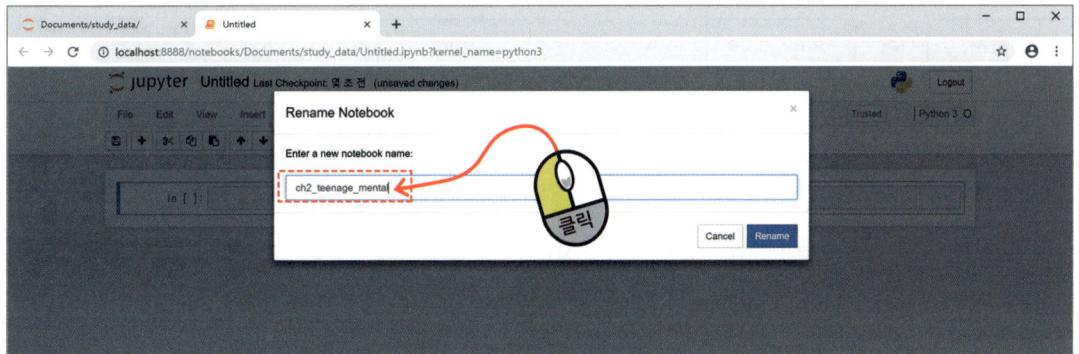

▲ 그림 2-12. 새로운 노트북의 이름을 변경하는 화면

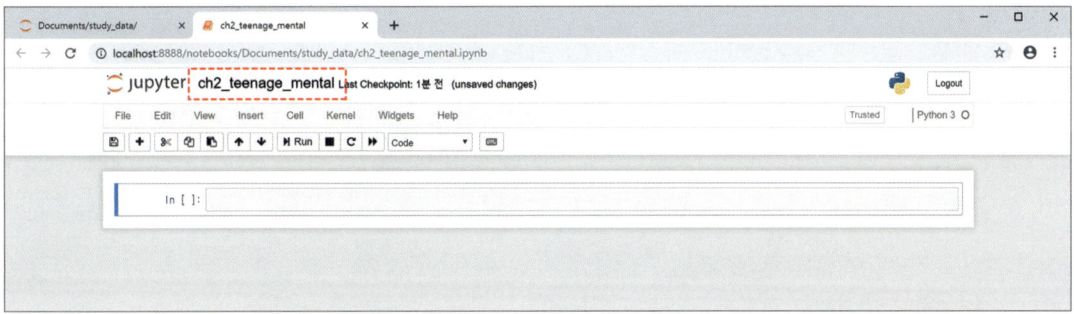

▲ 그림 2-13. 새로운 노트북의 이름이 변경된 화면

이름을 ch2_teenage_mental이라고 정하겠습니다.

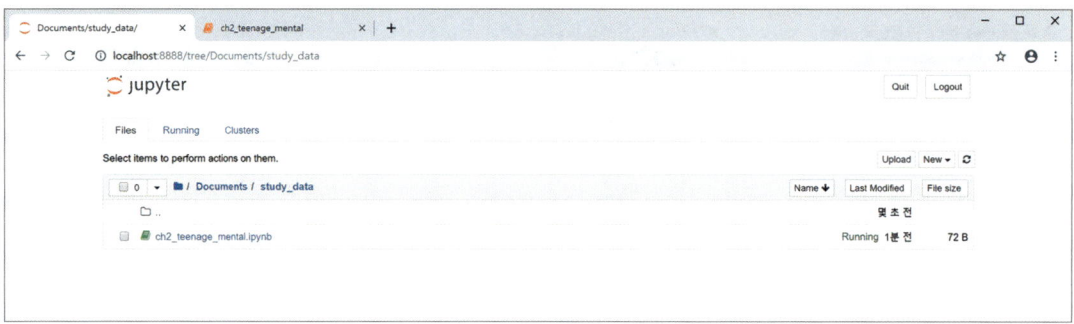

▲ 그림 2-14. 새로운 노트북의 이름이 반영된 홈 화면

이제 노트북 이름이 변경되면 홈 화면도 바뀐 것을 확인할 수 있습니다.

▲ 그림 2-15 2-1절에서의 파일 구조

그러면 현재 파일 구조는 내 문서 아래에 있는 study_data 폴더에 여러분이 학습하는 ch2_teenage_mental.ipynb 파일이 있고, study_data 폴더 안의 data 폴더에는 서울 공공 데이터 포럼에서 받은 엑셀 파일이 teenage_mental.xls라는 이름으로 저장되어 있습니다.

2.2 프로젝트의 목표

이번 장의 목표는 사실상 파이썬과 필요한 모듈의 기초 지식 습득이지만, 그래도 목표는 정해야지요.

기간	구분	스트레스 인지율			우울감 경험률			자살 생각률		
		전체	남학생	여학생	전체	남학생	여학생	전체	남학생	여학생
2018	구분	42.7	34.5	51.5	29.6	24.2	35.4	15.4	11.8	19.2

▲ 그림 2-16. 엑셀 파일에 저장된 원본 데이터

우리가 앞 절에서 받은 엑셀 파일은 그림 2-16처럼 생겼습니다. 2018년 데이터이고, 각각의 상황에서 대답한 것만 나타나 있습니다. 즉, 우울감을 경험했는가?라는 질문에 대해 그렇다고 대답한 경우가 나타나 있습니다.

기간	구분	스트레스 인지율			우울감 경험률			자살 생각률		
		전체	남학생	여학생	전체	남학생	여학생	전체	남학생	여학생
2018	구분	42.7	34.5	51.5	29.6	24.2	35.4	15.4	11.8	19.2

응답	스트레스	스트레스남학생	스트레스여학생	우울감경험률	우울남학생	우울여학생	자살생각율	자살남학생	자살여학생
그렇다	42.7	34.5	51.5	29.6	24.2	35.4	15.4	11.8	19.2
아니다	57.3	65.5	48.5	70.4	75.8	64.6	84.6	88.2	80.8

▲ 그림 2-17. 원본 데이터의 정리 목표

일단 첫 목표는 그림 2-16의 데이터를 그림 2-17처럼 변경하는 것입니다. 그렇다/아니다를 만들어서 그래프를 그리기 편하게 하는 것이 목표입니다.

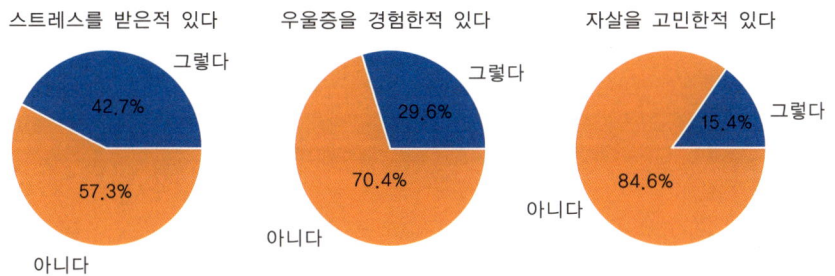

▲ 그림 2-18. 서울시 청소년들의 스트레스 지수 시각화

그래서 최종적으로는 그림 2-18처럼 각 상황에서 그래프를 이용해서 데이터를 표현하려고 합니다. 이번 목표를 다시 정리하면 아래와 같습니다.

- 첫 목표는 그림 2-16의 데이터를 그림 2-17처럼 정리하는 것입니다. 그러기 위해 pandas라는 모듈을 익힐 예정입니다.
- 그렇게 정리된 데이터를 시각적으로 보기 좋은 그래프로 표현하는 것이 두 번째 목표여서 그에 필요한 matplotlib라는 모듈을 익힐 예정입니다.

2.3 Pandas – 데이터를 정리하는 필수 도구

▲ 그림 2-19. pandas 공식 홈페이지 화면 https://pandas.pydata.org/

앞에서 이야기한 첫 단계 목표를 이루기 위해서 `pandas`라는 모듈을 먼저 배울 겁니다. `pandas`는 미국식 농담으로 스테로이드를 맞은 엑셀이라고 불릴 정도로 강력한 도구입니다. 주요 특징은 다음과 같습니다.

- 자유로운 데이터 변환
- 엑셀처럼 활용도가 높은 DataFrame 객체
- pivot table과 같이 데이터 구조에 대한 변환
- 날짜형 데이터(시계열)
- 다양한 필터링
- 누락된 데이터의 처리 기능

이런 `pandas`는 Jupyter 설치할 때처럼 `pip` 명령으로 간단히 설치할 수 있습니다.

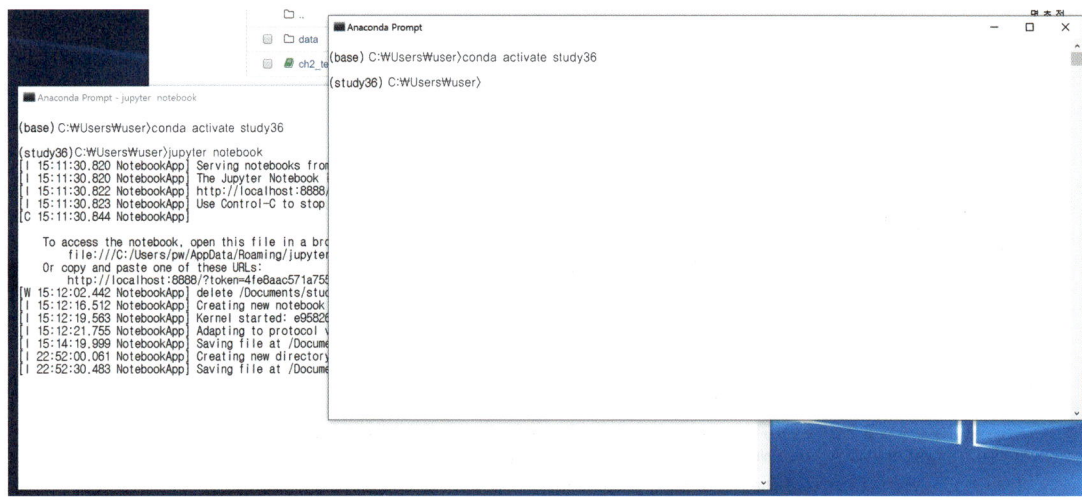

▲ 그림 2-20. pandas 설치를 위한 준비 화면

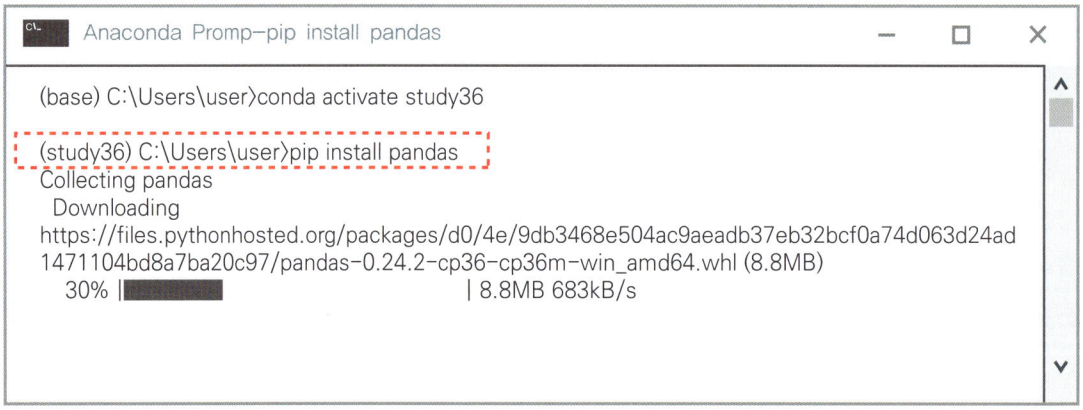

▲ 그림 2-21. pandas 설치 화면

만약 여러분이 Jupyter Notebook을 구동 중이라면 그림 2-20처럼 Jupyter Notebook을 구동하는 터미널은 건드리지 말고, 새로운 Anaconda Prompt를 실행해서 다시 study36 환경을 활성화해서 그림 2-21처럼

`pip install pandas`

명령으로 설치해야 합니다.

이제 ch2_teenage_mental 파일 안에서 실습해보도록 하겠습니다.

2.3.1 파이썬에서 모듈 import

```
In [1]: import pandas as pd
```

위 명령이 처음으로 프로젝트를 위해 여러분이 입력한 명령입니다. 실행(SHIFT)+(ENTER)하면 아무런 결과 없이 그냥 좌측에 번호만 나타날 겁니다. 공식적으로 처음 만난 저 명령의 의미는 뭘까요.

파이썬은 정말 많은 모듈로 이루어져 있습니다. 물론 파이썬은 내장 명령도 많지만, 주요 모듈들 없이는 아무런 의미가 없습니다. 그래서 import라는 명령으로 많은 모듈을 불러와 사용하게 됩니다. 만약 여러분이 exam_module이라는 모듈을 import 하려면,

`import exam_module`

라고 해서 두 모듈을 사용할 수 있습니다. 이때, exam_module의 hello_world라는 함수를 사용하려면

`exam_module.hello_world()`

라고 호출하면 됩니다. 그런데 그 이름이 너무 길거나, 혹은 대표적으로 통용되는 이름이 있다면 as 명령으로 이름을 바꿀 수 있습니다.

`import exam_module as em`

이라고 하면, exam_module 모듈을 em이라는 이름으로 import 하겠다는 뜻입니다. 이제 hello_world라는 함수를 사용할 때는

`em.hello_world()`

이라고 호출하면 됩니다.

만약 exam_module에 있는 hello_world 함수만 따로 import 하고 싶으면

`from exam_module import hello_world`

라고 하고, 사용할 때는

`hello_world()`

라고 하면 됩니다.

결국, In [1]에 있는 코드는 pd라는 이름으로 pandas를 import 하겠다는 뜻입니다.

2.3.2 pandas DataFrame 구조

Pandas 공식 홈페이지에는 자세한 튜토리얼이 준비되어 있습니다. 이를 잘 학습하면 많은 도움이 됩니다. 그중에

- https://pandas.pydata.org/pandas-docs/stable/getting_started/10min.html

는 10 Minutes to pandas라는 튜토리얼로 말 그대로 pandas를 빠르게 익힐 수 있는 좋은 글입니다. 튜토리얼의 일부와 제가 필요하다고 생각하는 내용의 일부를 엮어 여기서 설명하겠습니다.

```
In [2]: dates = pd.date_range('20190301', periods=6)
        dates
Out[2]: DatetimeIndex(['2019-03-01', '2019-03-02', '2019-03-03', '2019-03-04',
                       '2019-03-05', '2019-03-06'],
                      dtype='datetime64[ns]', freq='D')
```

위 코드는 pandas의 날짜형 변수를 사용하는 것으로 2019년 3월 1일부터 6일간을 `dates`라는 변수에 저장한 것입니다. 날짜 등을 다루는 시계열 관련 함수를 지원한다는 것은 꽤 중요합니다. 어떤 달은 31일, 어떤 달은 30일, 어떤 달은 28일, 게다가 몇 년에 한 번은 29일. 이런 생각을 하지 않아도 된다는 것 하나만 봐도 중요한 일입니다. pandas의 `date_range` 함수를 이용해서 날짜를 생성할 수 있습니다.

```
In [3]: import numpy as np
        df = pd.DataFrame(np.random.randn(6,4), index=dates, columns=['A','B','C','D'])
        df
```

Out[3]:

	A	B	C	D
2019-03-01	0.673591	-1.185980	0.976989	-0.051409
2019-03-02	-0.443354	0.290840	-1.246252	-0.403225
2019-03-03	-0.518972	0.222419	-0.627414	0.984127
2019-03-04	0.418397	1.311536	-0.774236	-0.507911
2019-03-05	0.232942	0.186785	-0.835829	0.383351
2019-03-06	-0.345061	0.574138	0.041164	1.446952

DataFrame은 pandas의 기본이 되는 중요한 구조이자 그 구조를 이용해서 데이터를 만드는 명령입니다. 먼저 랜덤 변수를 6행, 4열로 만들기 위해 numpy라는 수치 연산 관련 모듈을 np라는 이름으로 `import` 했습니다.

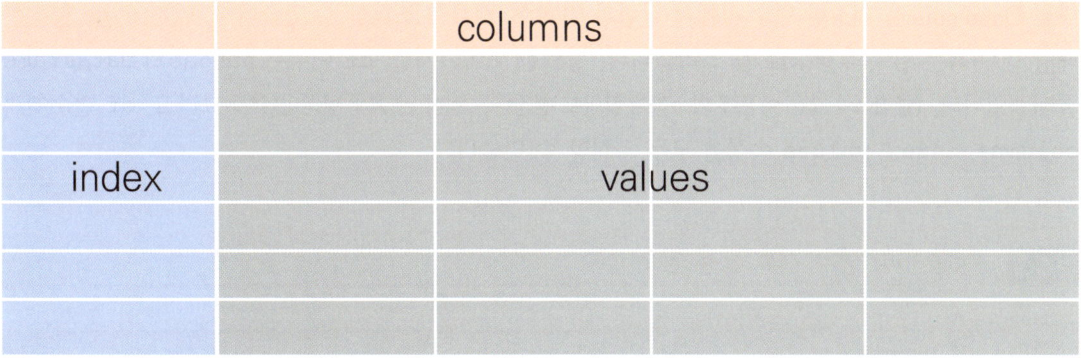

▲ 그림 2-22. pandas DataFrame의 구조

DataFrame은 그림 2-22에 있듯이 세로 방향의 축 제목을 의미하는 칼럼(column)과 각 행의 이름을 의미하는 인덱스(index) 그리고 내용인 밸류(value)로 되어 있습니다.

바로 위의 코드 3은 numpy가 제공하는 랜덤 변수로 밸류를 채웠습니다. 그리고, 코드 2에서 만든 날짜(6일간)로 인덱스를 지정하고, 칼럼 이름은 직접 'A', 'B', 'C', 'D'라고 입력한 것입니다. 이렇게 해서 DataFrame을 만들 수 있습니다. 조금씩 몇 가지 확인해 보겠습니다.

```
In [4]: type(df)
```
Out[4]: pandas.core.frame.DataFrame

```
In [5]: df.columns
```
Out[5]: Index(['A', 'B', 'C', 'D'], dtype='object')

```
In [6]: df.index
```
Out[6]: DatetimeIndex(['2019-03-01', '2019-03-02', '2019-03-03', '2019-03-04',
                '2019-03-05', '2019-03-06'],
               dtype='datetime64[ns]', freq='D')

```
In [7]: df.values
```
Out[7]: array([[0.67359079, -1.18597955, 0.97698852, -0.05140938],
               [-0.4433538 , 0.29083956, -1.24625192, -0.40322461],
               [-0.51897188, 0.22241898, -0.62741444, 0.98412749],
               [0.4183968 , 1.31153614, -0.77423631, -0.50791102],
               [0.23294244, 0.18678456, -0.83582886, 0.38335052],
               [-0.3450614 , 0.57413802, 0.04116427, 1.44695243]])

방금 DataFrame을 저장한 변수 df에서 칼럼과 인덱스, 밸류를 조회할 수 있습니다. 먼저 `type` 함수는 해당 변수 혹은 함수의 형(type)을 알려줍니다. 당연한 이야기지만, `df` 변수는 `pandas`의 `DataFrame` 클래스입니다. (클래스와 같은 이름에 익숙하지 않아도 괜찮다는 것이 이 책의 방식입니다) 그리고, `df` 변수에서 `columns`, `index`, `values` 속성을 모두 조회할 수 있습니다.

2.3.3 정렬 기능 등의 기초 활용 함수

```
In [8]: df.describe()
```

Out[8]:

	A	B	C	D
count	6.000000	6.000000	6.000000	6.000000
mean	0.002924	0.233290	-0.410930	0.308648
std	0.503578	0.812245	0.798482	0.782402
min	-0.518972	-1.185980	-1.246252	-0.507911
25%	-0.418781	0.195693	-0.820431	-0.315271
50%	-0.056059	0.256629	-0.700825	0.165971
75%	0.372033	0.503313	-0.125980	0.833933
max	0.673591	1.311536	0.976989	1.446952

랜덤 변수를 사용했기 때문에 의미는 없지만, 통계적 개요를 보여주는 `describe` 함수가 있습니다. 개수, 평균, 표준 편차, 최댓값/최솟값 등을 한눈에 알려줍니다.

```
In [9]: df.sort_values(by='A')
```

Out[9]:

	A	B	C	D
2019-03-03	-0.518972	0.222419	-0.627414	0.984127
2019-03-02	-0.443354	0.290840	-1.246252	-0.403225
2019-03-06	-0.345061	0.574138	0.041164	1.446952
2019-03-05	0.232942	0.186785	-0.835829	0.383351
2019-03-04	0.418397	1.311536	-0.774236	-0.507911
2019-03-01	0.673591	-1.185980	0.976989	-0.051409

```
In [10]:  df.sort_values(by='A', ascending=False)
Out[10]:
                A          B          C          D
2019-03-01   0.673591  -1.185980   0.976989  -0.051409
2019-03-04   0.418397   1.311536  -0.774236  -0.507911
2019-03-05   0.232942   0.186785  -0.835829   0.383351
2019-03-06  -0.345061   0.574138   0.041164   1.446952
2019-03-02  -0.443354   0.290840  -1.246252  -0.403225
2019-03-03  -0.518972   0.222419  -0.627414   0.984127
```

정렬 기능은 `sort_values`라는 명령으로 수행 가능합니다. `by` 옵션으로 정렬 기준이 되는 칼럼을 지정하고, `ascending` 옵션으로 내림차순이나 오름차순을 지정할 수 있습니다. `ascending` 옵션을 지정하지 않으면 기본 상태는 오름차순으로 정렬하는 것이고, `False`라고 지정하면 내림차순을 지정하는 것입니다. 파이썬에서는 True/False를 지정할 때는 알파벳 첫 글자가 꼭 대문자여야 합니다.

2.3.4 DataFrame의 Slice – 데이터를 잘라서 선택하기

Pandas든 엑셀이든 데이터를 잘 사용하려면 원하는 것만 선택할 수 있어야 합니다. 하나의 요소만 선택할 수도 있지만, 범위로 선택할 수도 있습니다. 이번에는 `slice`라는 데이터를 범위를 지정해서 선택하는 방법을 학습하려고 합니다.

```
In [11]:  df['A']
Out[11]:  2019-03-01    0.673591
          2019-03-02   -0.443354
          2019-03-03   -0.518972
          2019-03-04    0.418397
          2019-03-05    0.232942
          2019-03-06   -0.345061
          Freq: D, Name: A, dtype: float64
```

먼저 간단하게 칼럼 이름만 입력하면 해당 칼럼의 내용이 나타납니다.

```
In [12]:  type(df['A'])
Out[12]:  pandas.core.series.Series
```

이때, 결과는 한 줄짜리 DataFrame 즉, Series로 나타납니다. 사실 pandas에서 가장 작은 데이터형은 Series이고 그다음이 DataFrame입니다. 실행된 결과 혹은 사용하는 입력으로만 보면 DataFrame이 훨씬 많습니다. 우리는 그냥 한 줄짜리는 Series라고 이해하고 지나가겠습니다.

```
In [13]: df[0:3]
```
Out[13]:

	A	B	C	D
2019-03-01	0.673591	-1.185980	0.976989	-0.051409
2019-03-02	-0.443354	0.290840	-1.246252	-0.403225
2019-03-03	-0.518972	0.222419	-0.627414	0.984127

이 코드 13번은 행 기준으로 선택한 것입니다. 여기서 파이썬을 처음 만나는 분들은 조심해야 하는 것이 0:3의 의미입니다.

`0:3 = 0, 1, 2`

를 의미합니다. 즉, 0부터 3 앞까지입니다. 그래서 코드 3의 결과에서 0번, 1번, 2번 줄만 선택한 것입니다.

```
In [14]: df.loc['2019-03-01']
```
Out[14]:
```
A    0.673591
B   -1.185980
C    0.976989
D   -0.051409
Name: 2019-03-01 00:00:00, dtype: float64
```

한가지, 코드 11은 열을 선택한 것이고 코드 13번은 열을 선택했습니다. 그러나, 직관적으로 어떨 때는 행이고, 어떨 때는 열인지 혼동이 오기도 합니다. 그래서 명시적으로 loc 옵션을 사용하는 것이 나중에 코드를 관찰할 때 이해하기 쉽습니다. loc 옵션은 항상, 행, 열의 순서로 입력하면 됩니다. 코드 14처럼 작성하면 행만 의미합니다.

```
In [15]: df.loc['2019-03-01', ['A']]
```
Out[15]:
```
A    0.673591
Name: 2019-03-01 00:00:00, dtype: float64
```

행을 지정하고, 열도 그 뒤에 지정할 수 있습니다.

```
In [16]: df.loc['2019-03-01', ['A', 'B']]
Out[16]: A    0.673591
         B   -1.185980
         Name: 2019-03-01 00:00:00, dtype: float64
```

다수의 열을 지정할 수 있습니다.

```
In [17]: df.loc['2019-03-01':'2019-03-02', ['A', 'B']]
```

Out[17]:

	A	B
2019-03-01	0.673591	-1.18598
2019-03-02	-0.443354	0.29084

범위로 행을 지정할 수 있습니다.

```
In [18]: df.loc[:, ['A', 'B']]
```

Out[18]:

	A	B
2019-03-01	0.673591	-1.185980
2019-03-02	-0.443354	0.290840
2019-03-03	-0.518972	0.222419
2019-03-04	0.418397	1.311536
2019-03-05	0.232942	0.186785
2019-03-06	-0.345061	0.574138

전체 행(:)을 선택하거나 열을 선택할 수 있습니다. 위에서 보듯이 `loc` 옵션은 칼럼이나 인덱스의 이름을 사용해야 합니다.

```
In [19]: df.iloc[0:2]
```

Out[19]:

	A	B	C	D
2019-03-01	0.673591	-1.18598	0.976989	-0.051409
2019-03-02	-0.443354	0.29084	-1.246252	-0.403225

`loc` 옵션이 이름을 사용하는 것에 비해서 `iloc` 옵션은 숫자만 사용합니다. 몇 번째인지를 선택하는 것입니다. 코드 19는 0부터 2 앞까지, 그러니까, 0과 1번째 행을 선택합니다.

```
In [20]:  df.iloc[0:2, 0:2]
```
Out[20]:

	A	B
2019-03-01	0.673591	-1.18598
2019-03-02	-0.443354	0.29084

행과 열의 범위를 지정할 수 있습니다.

```
In [21]:  df.iloc[[0,1,3], 0:2]
```
Out[21]:

	A	B
2019-03-01	0.673591	-1.185980
2019-03-02	-0.443354	0.290840
2019-03-04	0.418397	1.311536

다수의 행과 열을 범위로 지정할 수 있습니다.

```
In [22]:  df.iloc[[0,1,3]]
```
Out[22]:

	A	B	C	D
2019-03-01	0.673591	-1.185980	0.976989	-0.051409
2019-03-02	-0.443354	0.290840	-1.246252	-0.403225
2019-03-04	0.418397	1.311536	-0.774236	-0.507911

다수의 열을 선택할 수 있습니다.

2.3.5 DataFrame 내에서 조건문 사용

```
In [23]:  df['A']>0
```
Out[23]: 2019-03-01   True
         2019-03-02   False
         2019-03-03   False
         2019-03-04   True
         2019-03-05   True
         2019-03-06   False
         Freq: D, Name: A, dtype: bool

코드 23은 `df` 변수의 'A' 칼럼에서 양수를 물었고, 그 대답이 True/False로 나타난 것입니다. 코드 23의 결과가 True/False이니 이를 행을 선택하는 입력으로 사용할 수 있습니다.

```
In [24]: df[df['A']>0]
```
Out[24]:

	A	B	C	D
2019-03-01	0.673591	-1.185980	0.976989	-0.051409
2019-03-04	0.418397	1.311536	-0.774236	-0.507911
2019-03-05	0.232942	0.186785	-0.835829	0.383351

바로 이렇게 할 수 있습니다. DataFrame에서 조건문을 적용하는 간단한 예제입니다. 그러면, DataFrame 전체에는 적용할 수 없을까요. 가능합니다. 아주 쉽게 됩니다.

```
In [25]: df>0
```
Out[25]:

	A	B	C	D
2019-03-01	True	False	True	False
2019-03-02	False	True	False	False
2019-03-03	False	True	False	True
2019-03-04	True	True	False	False
2019-03-05	True	True	False	True
2019-03-06	False	True	True	True

이렇게 결과가 나오는 것에 대해,

```
In [26]: df[df>0]
```
Out[26]:

	A	B	C	D
2019-03-01	0.673591	NaN	0.976989	NaN
2019-03-02	NaN	0.290840	NaN	NaN
2019-03-03	NaN	0.222419	NaN	0.984127
2019-03-04	0.418397	1.311536	NaN	NaN
2019-03-05	0.232942	0.186785	NaN	0.383351
2019-03-06	NaN	0.574138	0.041164	1.446952

이렇게 조건문을 적용하면 됩니다.

2.3.6 행과 열의 변경

만약 칼럼의 순서를 바꾸고 싶다면

```
In [27]: df2 = pd.DataFrame(df, columns=['A','C','D','B'])
         df2
```

Out[27]:

	A	C	D	B
2019-03-01	0.673591	0.976989	-0.051409	-1.185980
2019-03-02	-0.443354	-1.246252	-0.403225	0.290840
2019-03-03	-0.518972	-0.627414	0.984127	0.222419
2019-03-04	0.418397	-0.774236	-0.507911	1.311536
2019-03-05	0.232942	-0.835829	0.383351	0.186785
2019-03-06	-0.345061	0.041164	1.446952	0.574138

이렇게 DataFrame 명령에 `columns` 옵션을 이용해서 쉽게 변경할 수 있습니다.

```
In [28]: df['E'] = np.nan
         df
```

Out[28]:

	A	B	C	D	E
2019-03-01	0.673591	-1.185980	0.976989	-0.051409	NaN
2019-03-02	-0.443354	0.290840	-1.246252	-0.403225	NaN
2019-03-03	-0.518972	0.222419	-0.627414	0.984127	NaN
2019-03-04	0.418397	1.311536	-0.774236	-0.507911	NaN
2019-03-05	0.232942	0.186785	-0.835829	0.383351	NaN
2019-03-06	-0.345061	0.574138	0.041164	1.446952	NaN

새로운 열을 만드는 간단한 방법은 새로운 열('E')을 선언하고, 값을 지정하면 됩니다. `numpy`가 제공하는 nan(not a number)을 지정하면, 전체 열이 해당 값으로 채워집니다.

```
In [29]:  df.loc['2019-03-02', ['E']] = 2
          df
```

Out[29]:

	A	B	C	D	E
2019-03-01	0.673591	-1.185980	0.976989	-0.051409	NaN
2019-03-02	-0.443354	0.290840	-1.246252	-0.403225	2.0
2019-03-03	-0.518972	0.222419	-0.627414	0.984127	NaN
2019-03-04	0.418397	1.311536	-0.774236	-0.507911	NaN
2019-03-05	0.232942	0.186785	-0.835829	0.383351	NaN
2019-03-06	-0.345061	0.574138	0.041164	1.446952	NaN

`loc` 옵션으로 행과 열의 위치(['2019-03-02', ['E']])를 지정해서 원하는 값을 저장할 수 있습니다.

```
In [30]:  df['F'] = df['A'] + df['B']
          df
```

Out[30]:

	A	B	C	D	E	F
2019-03-01	0.673591	-1.185980	0.976989	-0.051409	NaN	-0.512389
2019-03-02	-0.443354	0.290840	-1.246252	-0.403225	2.0	-0.152514
2019-03-03	-0.518972	0.222419	-0.627414	0.984127	NaN	-0.296553
2019-03-04	0.418397	1.311536	-0.774236	-0.507911	NaN	1.729933
2019-03-05	0.232942	0.186785	-0.835829	0.383351	NaN	0.419727
2019-03-06	-0.345061	0.574138	0.041164	1.446952	NaN	0.229077

Pandas는 열(column) 방향 연산이 아주 자연스럽습니다. 코드 30의 경우를 보면 A열과 B열을 더하겠다고 하면, 두 열의 각 위치가 더해져서 새로운 열이 될 수 있습니다. 보통 조금 더 low 레벨 언어라면 이런 경우 반복문(for)을 사용해야 할 겁니다.

2.4 서울시 청소년들의 스트레스 데이터 읽어보기

앞에서 pandas의 기본을 공부했습니다. 그 내용이 전부는 아니지만, 다음 단계로 진행할 만큼은 됩니다. 그림 2-7에서 받은 엑셀 파일을 읽어보겠습니다. Pandas로 엑셀 파일을 읽으려면 xlrd라는 모듈을 설치해야 합니다.

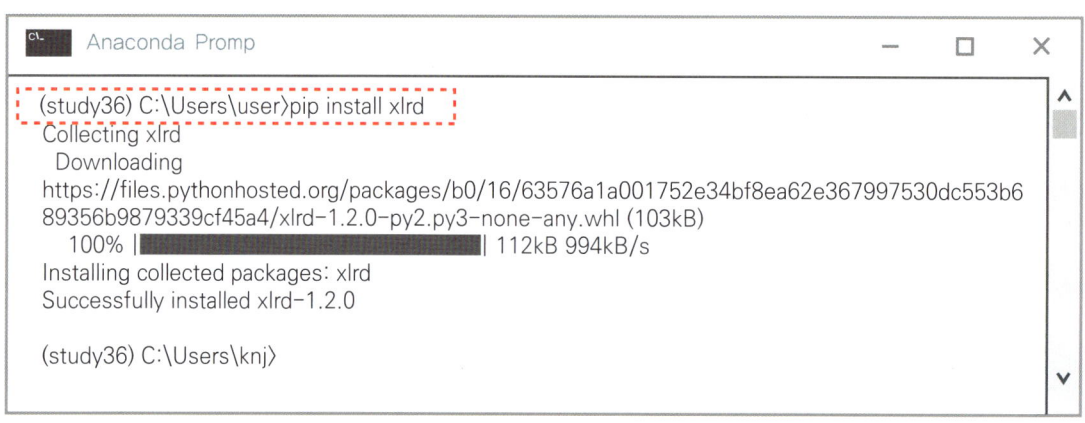

▲ 그림 2-23. 엑셀을 읽을 수 있는 xlrd 모듈 설치

`pip install xlrd`

위 명령으로 xlrd 모듈을 설치할 수 있습니다. 몇 번 해서 해봤기 때문에 잘 알겠지만, 주의해야 할 것은 자신이 사용하고 있는 환경(우리의 경우는 study36)을 활성화하고 거기서 설치를 진행해야 한다는 것입니다. 설치를 완료한 후 아래 코드가 계속 에러가 나면 커널을 재시작하거나, 아예 Jupyter Notebook을 다시 시작해 보기 바랍니다.

```
In [31]: pd.read_excel("./data/teenage_mental.xls")
```

Out[31]:

	기간	구분	스트레스 인지율	스트레스 인지율.1	스트레스 인지율.2	우울감 경험률	우울감 경험률.1	우울감 경험률.2	자살 생각률	자살 생각률.1	자살 생각률.2
0	기간	구분	전체	남학생	여학생	전체	남학생	여학생	전체	남학생	여학생
1	2018	구분	42.7	34.5	51.5	29.6	24.2	35.4	15.4	11.8	19.2

위 명령은 너무나 간단해서 아마 놀랄 수도 있습니다. 간단한 코드지만, 위의 코드 31에서 설명할 것이 있습니다. 먼저

`varibles = pd.read_excel( ~~~ )`

처럼 등호(=) 좌측에 저장하고자 하는 변수명이 없는 경우는 단순히 우측의 함수(`pd.read_excel`)를 실행만 한 것입니다. 이런 경우 Jupyter Notebook은 실행 결과를 출력영역에 표시해 줍니다. 코드 31은 out 31이라는 출력영역에 자신이 실행한 결과를 나타낸 겁니다.

또, `read_excel` 함수 안에는 기본적으로 파일 경로와 이름을 입력합니다. 이때, 파일명을 입력하는 것이 힘들 수 있습니다. 이럴 때는 TAB 키를 활용하면 좋습니다.

▲ 그림 2-24. TAB 키를 활용해서 파일 경로를 쉽게 입력하는 장면

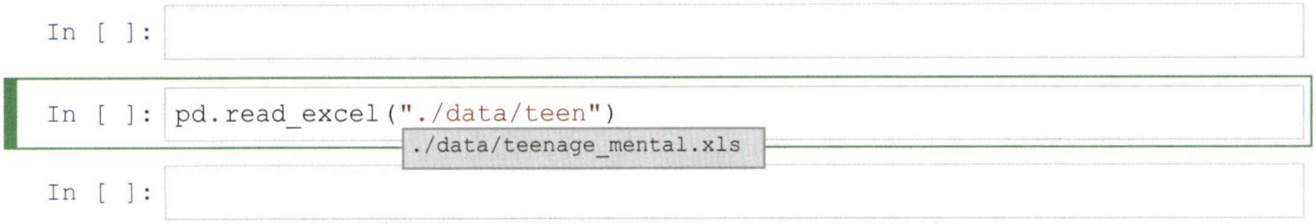

▲ 그림 2-25. 탭키를 활용해서 파일명을 쉽게 입력하는 장면

그림 2-24와 그림 2-25처럼 적절한 순간에 TAB 키를 입력하면 나머지가 입력되거나 선택할 수 있습니다. TAB 키를 이용하면 오타를 방지할 수 있고, 현재 내 경로에 대한 오류를 줄일 수 있습니다.

마지막으로 `pd.read_excel`이라는 명령에 어떤 옵션이 존재하는지를 알고 싶을 수 있습니다. 가장 쉽게 접근하는 방법은 SHIFT + TAB 을 활용하는 것입니다.

```
In [ ]: pd.read_excel

In [ ]:  Signature:
         pd.read_excel(
In [ ]:      io,
             sheet_name=0,
             header=0,
In [ ]:      names=None,
             index_col=None,
In [ ]:      parse_cols=None,
             usecols=None,
             squeeze=False,
In [ ]:      dtype=None,
```

▲ 그림 2-26. 팝업 도움말을 불러온 화면

```
In [ ]: pd.read_excel

In [ ]:         and pass that; and 3) call `date_parser` once for each row using one o
                more strings (corresponding to the columns defined by `parse_dates`) as
In [ ]:         arguments.
        thousands : str, default None
In [ ]:         Thousands separator for parsing string columns to numeric.  Note that
                this parameter is only necessary for columns stored as TEXT in Excel,
                any numeric columns will automatically be parsed, regardless of display
In [ ]:         format.
        comment : str, default None
                Comments out remainder of line. Pass a character or characters to this
In [ ]:         argument to indicate comments in the input file. Any data between the
```

▲ 그림 2-27. 팝업 도움말을 불러온 화면

```
In [ ]: pd.read_excel

In [ ]:         and pass that; and 3) call `date_parser` once for each row using one o
                more strings (corresponding to the columns defined by `parse_dates`) as
In [ ]:         arguments.
        thousands : str, default None
In [ ]:         Thousands separator for parsing string columns to numeric.  Note that
                this parameter is only necessary for columns stored as TEXT in Excel,
                any numeric columns will automatically be parsed, regardless of display
In [ ]:         format.
        comment : str, default None
                Comments out remainder of line. Pass a character or characters to this
In [ ]:         argument to indicate comments in the input file. Any data between the
```

▲ 그림 2-28. 팝업 도움말을 불러온 화면

그림 2-26부터 2-28까지를 보면 SHIFT + TAB 을 이용해서 불러온 팝업 도움말이 기본 문법부터 옵션에 대한 설명, 그리고 어떤 경우는 예제까지 다루고 있다는 것을 알 수 있습니다.

그런데, 위 코드의 결과가 기대한 것과 조금 다릅니다. 원본 데이터를 엑셀로 열어보고 비교하면 좋겠습니다.

	A	B	C	D	E	F	G	H	I	J	K
1	기간	구분	스트레스 인지율			우울감 경험률			자살 생각률		
2			전체	남학생	여학생	전체	남학생	여학생	전체	남학생	여학생
3	2018	구분	42.7	34.5	51.5	29.6	24.2	35.4	15.4	11.8	19.2

▲ 그림 2-29. 엑셀 원본 데이터를 엑셀로 불러본 화면

그림 2-29와 코드 31의 결과를 비교하면 어색하지만, 이해는 될 것입니다.

```
In [32]: pd.read_excel("./data/teenage_mental.xls", header=1)
Out[32]:     기간  구분   전체  남학생  여학생  전체.1 남학생.1 여학생.1 전체.2 남학생.2 여학생.2
         0  2018  구분  42.7  34.5  51.5  29.6  24.2  35.4  15.4  11.8  19.2
```

코드 32처럼 header 옵션을 주어 읽기 시작하는 행의 번호를 지정할 수 있습니다. 칼럼의 이름은 나중에 다시 만드는 것으로 해야 할 것 같습니다.

```
In [33]: pd.read_excel("./data/teenage_mental.xls", header=1, usecols="C:K")
Out[33]:     전체  남학생  여학생  전체.1 남학생.1 여학생.1 전체.2 남학생.2 여학생.2
         0  42.7  34.5  51.5  29.6  24.2  35.4  15.4  11.8  19.2
```

그림 2-29에서 보면 기간과 구분이 보일 텐데, 지금은 이 두 칼럼에는 관심이 없으므로 두 칼럼을 읽고 지워도 되지만, 읽기 전에 usecols 옵션으로 선택할 수 있습니다.

```
In [34]: col_names = ['스트레스', '스트레스남학생', '스트레스여학생', '우울감경험률',
                     '우울남학생', '우울여학생', '자살생각율', '자살남학생', '자살여학생']
         pd.read_excel("./data/teenage_mental.xls", header=1, usecols="C:K", names=col_names)
Out[34]:     스트레  스트레스남학  스트레스여학  우울감경험  우울남  우울여학  자살생각  자살남학  자살여학
              스      생        생       률     학생    생     율     생     생
         0  42.7   34.5     51.5    29.6   24.2  35.4  15.4  11.8  19.2
```

마지막으로 칼럼 이름을 지정하는 옵션인 names 옵션에 미리 정해놓은 칼럼 이름을 지정해 주면 됩니다. 이렇게 함수의 옵션을 테스트할 수 있습니다. 이것을 raw_data라는 변수에 저장하겠습니다.

```
In [35]: raw_data = pd.read_excel("./data/teenage_mental.xls",
                                  header=1,
                                  usecols="C:K",
                                  names=col_names)
         raw_data
```

Out[35]:

	스트레스	스트레스남학생	스트레스여학생	우울감경험률	우울남학생	우울여학생	자살생각율	자살남학생	자살여학생
0	42.7	34.5	51.5	29.6	24.2	35.4	15.4	11.8	19.2

이제 `raw_data`라는 변수에 서울시 10대의 정신건강에 대한 통계 자료가 저장되었습니다.

그림 2-17에서 이번 장의 목표 중 하나를 떠올리면 코드 35의 결과는 반만 있습니다. 코드 35의 결과는 '스트레스를 받은 적이 있는가?' 등의 질문에 '그렇다'라고 대답한 결과입니다. 파이(pie) 그래프를 그리기 위해서는 '아니다'라고 대답한 것도 표에 있어야 합니다. 즉, 코드 35의 결과는 퍼센트(%) 결과로 보이니, 100에서 뺀 행이 하나 있으면 되겠습니다.

```
In [36]: raw_data.loc[1] = 100. - raw_data.loc[0]
         raw_data
```

Out[36]:

	스트레스	스트레스남학생	스트레스여학생	우울감경험률	우울남학생	우울여학생	자살생각율	자살남학생	자살여학생
0	42.7	34.5	51.5	29.6	24.2	35.4	15.4	11.8	19.2
1	57.3	65.5	48.5	70.4	75.8	64.6	84.6	88.2	80.8

`loc`옵션에서 1번 행을 추가하고, 100에서 0번째 행을 빼도록 하면 코드 36의 결과처럼 손쉽게 데이터를 만들 수 있습니다. 그러나 스트레스나 우울감을 경험했는가에 대한 질문에 대한 대답이 없어서 쉽게 표를 구분하기는 어렵습니다.

```
In [37]: raw_data['응답'] = ['그렇다', '아니다']
         raw_data
```

Out[37]:

	스트레스	스트레스남학생	스트레스여학생	우울감경험률	우울남학생	우울여학생	자살생각율	자살남학생	자살여학생	응답
0	42.7	34.5	51.5	29.6	24.2	35.4	15.4	11.8	19.2	그렇다
1	57.3	65.5	48.5	70.4	75.8	64.6	84.6	88.2	80.8	아니다

이렇게 하면 칼럼이 추가됩니다. 이 상태에서 그래프를 그리는 데 유리하도록 인덱스를 바꿉니다.

```
In [38]: raw_data.set_index('응답', drop=True, inplace=True)
         raw_data
```

Out[38]:

응답	스트레스	스트레스남학생	스트레스여학생	우울감경험률	우울남학생	우울여학생	자살생각율	자살남학생	자살여학생
그렇다	42.7	34.5	51.5	29.6	24.2	35.4	15.4	11.8	19.2
아니다	57.3	65.5	48.5	70.4	75.8	64.6	84.6	88.2	80.8

코드 38은 지금까지와는 조금 다른 스타일입니다. pandas에서는 이런 스타일로도 코드를 많이 작성합니다. 먼저 set_index는 인덱스를 다른 칼럼으로 교체할 수 있습니다. 여기서 drop 옵션은 인덱스를 해제하고 남은 데이터를 칼럼으로 사용할 것인지 아닌지 결정합니다. inplace는 raw_data의 내용을 갱신할 것인지 아닌지 결정합니다.

2.5 데이터를 정리한 중간 코드 최종

In [39]:
```python
import pandas as pd

col_names = ['스트레스', '스트레스남학생', '스트레스여학생', '우울감경험률',
             '우울남학생', '우울여학생','자살생각율', '자살남학생', '자살여학생']

raw_data = pd.read_excel("./data/teenage_mental.xls",
                         header=1,
                         usecols="C:K",
                         names=col_names)

raw_data.loc[1] = 100. - raw_data.loc[0]
raw_data['응답'] = ['그렇다','아니다']
raw_data.set_index('응답',drop=True, inplace=True)

raw_data
```

Out[39]:

응답	스트레스	스트레스남학생	스트레스여학생	우울감경험률	우울남학생	우울여학생	자살생각율	자살남학생	자살여학생
그렇다	42.7	34.5	51.5	29.6	24.2	35.4	15.4	11.8	19.2
아니다	57.3	65.5	48.5	70.4	75.8	64.6	84.6	88.2	80.8

지금까지의 코드를 정리해서 한 번에 실행하면 코드 39와 같습니다. 이러한 짧은 코드를 이해하기 위해 아주 많은 길을 돌아왔지만, 충분히 그 가치가 있는 일입니다.

2.6 데이터를 시각적으로 표현하기 – matplotlib 기초

우리의 목표를 반은 끝냈습니다. 이제 나머지 반은 그림 2-18에 있는 형태의 그래프입니다. 파이썬에서 그래프를 그리는 가장 기초적인 모듈은 matplotlib입니다. 이 모듈의 사용법은 아주 간편해서 쉽게 접근할 수 있습니다.

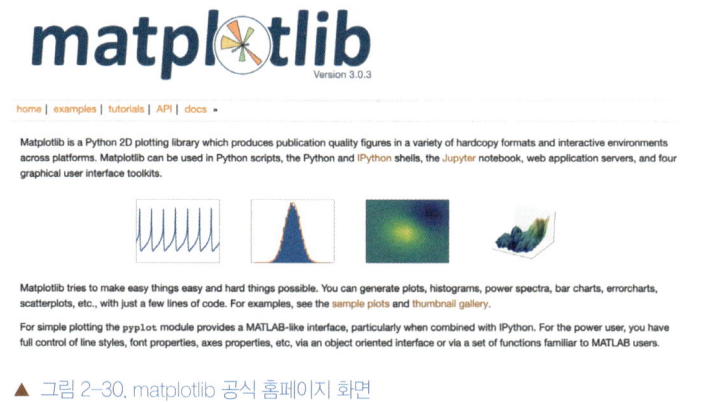

▲ 그림 2-30. matplotlib 공식 홈페이지 화면

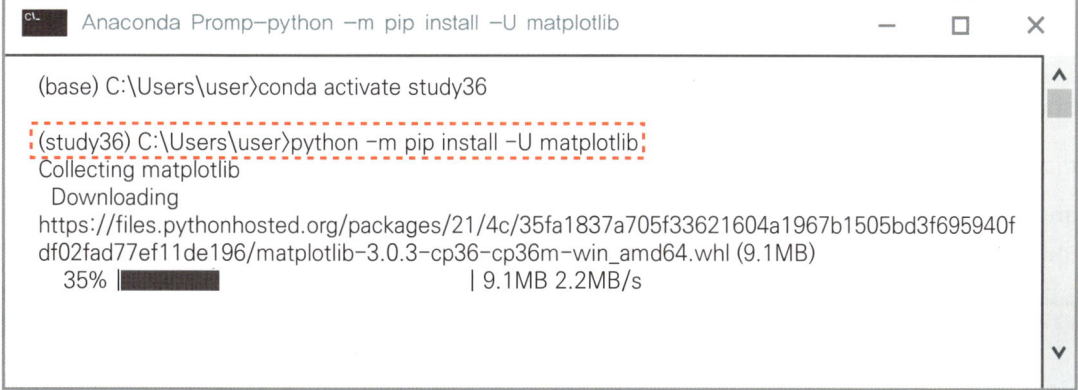

▲ 그림 2-31. matplotlib 설치

그림 2-30의 공식 홈페이지에서 권장하는 방법대로 그림 2-31처럼 matplotlib를 설치합니다.

`python -m pip install -U matplotlib`

해당 명령으로 우리가 학습하는 환경에서 설치하고 Jupyter Notebook을 실행해서 학습을 시작합니다. 만약 아래의 코드를 실행하는데 에러가 난다면 Jupyter Notebook을 다시 실행하시길 바랍니다.

```
In [40]: import matplotlib.pyplot as plt
         %matplotlib inline
```

그래프를 그리는 기본 모듈인 matplotlib에서 2D 그래프의 기능은 matplotlib 안의 pyplot을 기본으로 사용합니다. 보통 plt로 명명해서 사용합니다. 코드 40에서 퍼센트(%) 기호로 시작하는 명령을 magic command라고 합니다.

`%matplotlib inline`

위 명령은 matplotlib의 결과인 그래프를 출력영역에 표시하라는 명령입니다. 기본 설정은 새 창으로 그래프를 띄우는 것인데, 물론 그래도 되지만, 문서로서 가치를 가지게 하도록 그래프의 결과를 출력영역에 띄우도록 설정합니다.

2.6.1 간단하게 그리기

이제 정말 간단한 그래프를 하나 그려보겠습니다.

먼저 x축과 y축을 결정하고 `plt.plot` 명령에 x값과 y값을 입력하면 그림이 그려집니다. `plt.show()` 명령을 이용해서 그림을 그리라고 하면 됩니다. Jupyter Notebook은 변수가 입력 영역 마지막에 있으면 해당 변수의 내용을 보여주기 때문에 `plt.show()`가 없어도 그림이 나타나긴 합니다.

```
In [41]: x = [0, 1, 2, 3, 4, 5, 6, 7, 8, 9, 10]
         y = [0, 1, 2, 3, 4, 5, 4, 3, 2, 1, 0]

         plt.plot(x, y)
         plt.show()
```

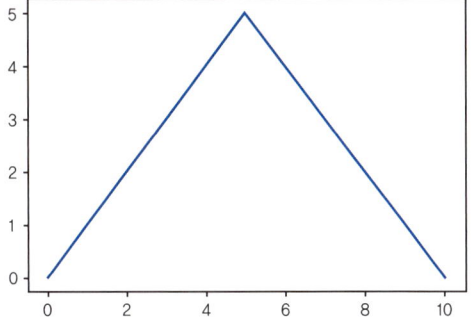

많이 사용하는 몇 가지 설정을 보겠습니다.

```
In [42]: plt.figure(figsize=(10,6))
         plt.plot(x, y)
         plt.grid()
         plt.show()
```

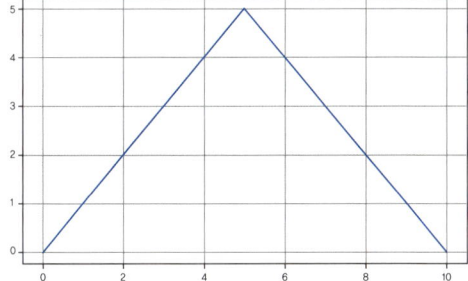

여러 가지 설정이 있지만, `plt.figure`에서 많이 사용하는 것은 그림의 크기를 결정하는 `figsize`입니다. `plt.grid()` 명령은 격자무늬를 만들어 내는 것입니다.

```
In [43]: import numpy as np

         t = np.arange(0, 2*np.pi, 0.01)

         plt.figure(figsize=(10,6))
         plt.plot(t, np.sin(t))
         plt.grid()
```

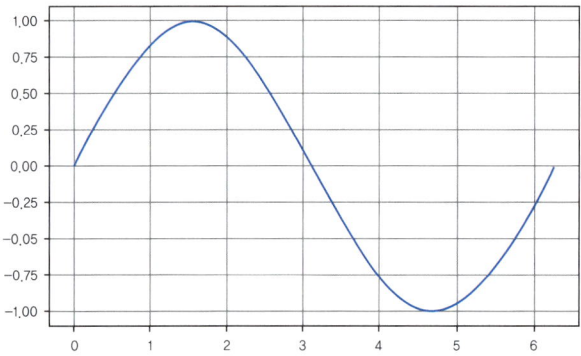

삼각함수와 arange 함수를 사용하기 위해 수학적 기능이 많은 numpy라는 모듈을 import합니다.

```
t = np.arange(0, 2*np.pi, 0.01)
```

위 코드는 0부터 2π까지의 값을 0.01 간격으로 나눠서 t에 저장한다는 의미로, t의 개수는 629개의 숫자입니다. 이 t는 그래프를 그릴 때 삼각함수의 입력으로 사용할 겁니다.

```
In [44]: plt.figure(figsize=(10,6))
         plt.plot(t, np.sin(t))
         plt.grid()
         plt.title('sin')
         plt.xlabel('sec')
         plt.ylabel('sin')
         plt.show()
```

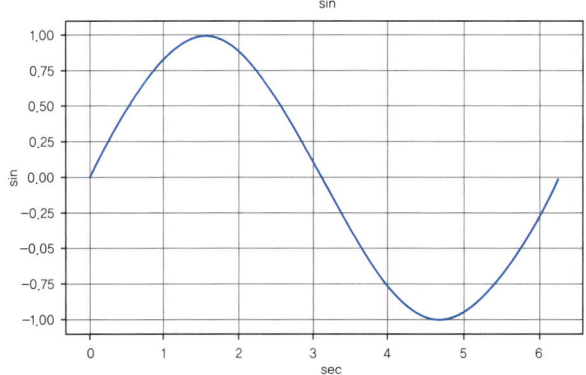

plt.plot에 들어간 내용을 보면, 방금 만든 t값을 np.sin에 입력합니다. 이렇게 하면, 간편하게 한 주기의 sin 함수를 그려볼 수 있습니다.

```
In [45]: plt.figure(figsize=(10,6))
         plt.plot(t, np.sin(t), label='sin')
         plt.plot(t, np.cos(t), label='cos')
         plt.grid()
         plt.legend()
         plt.title('sin')
         plt.xlabel('sec')
         plt.ylabel('amplitude')
         plt.show()
```

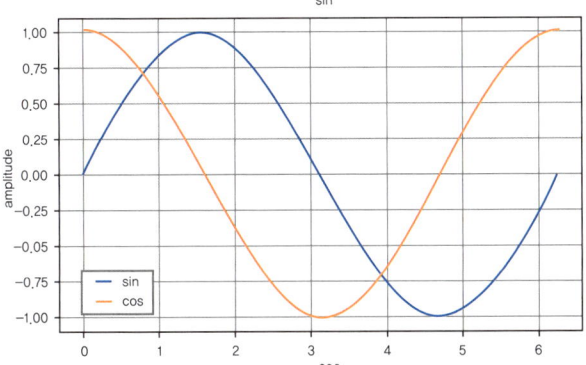

코드 45와 같이 그림의 제목(plt.title)과 x축 이름(plt.xlabel) y축 이름(plt.ylabel)을 입력해 둘 수 있습니다.

코드 45를 보면, `plt.plot`을 두 번 사용해서 한 번은 `sin`을 또 한 번은 `cos`을 그리도록 했습니다. 그리고 각각의 plot에 `label` 옵션을 사용했습니다. 이럴 때는 `plt.legend()`를 사용하면 코드 45의 결과처럼 범례를 표시해 줍니다.

```
In [46]: plt.figure(figsize=(10,6))
         plt.plot(t, np.sin(t), lw=3, label='sin')
         plt.plot(t, np.cos(t), 'r', label='cos')
         plt.grid()
         plt.legend()
         plt.title('sin')
         plt.xlabel('sec')
         plt.ylabel('amplitude')
         plt.show()
```

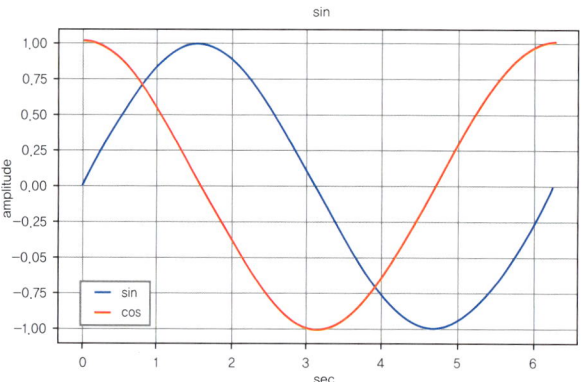

선의 굵기는 lw 옵션으로 하고,

- blue: 'b'
- green: 'g'
- red: 'r'
- cyan: 'c'
- magenta: 'm'
- yellow: 'y'
- black: 'k'

위 색상으로 간편하게 지정할 수 있습니다.

2.6.2 matplotlib의 한글 문제

matplotlib에서 사용하는 기본 글꼴은 영어 전용입니다. 그래서 한글을 표기하고 싶다면 한글이 되는 폰트로 기본 폰트를 변경해야 합니다.

```
In [47]: import matplotlib.pyplot as plt
         %matplotlib inline

         from matplotlib import font_manager, rc
         plt.rcParams['axes.unicode_minus'] = False

         # f_path = "/Library/Fonts/AppleGothic.ttf"
         f_path = "C:/Windows/Fonts/malgun.ttf"
         font_name = font_manager.FontProperties(fname=f_path).get_name()
         rc('font', family=font_name)
```

matplotlib의 글꼴은 matplotlib.rc 설정에서 'font' 항목의 family 옵션에 사용하고 싶은 폰트 이름을 입력하면 됩니다. 그러나 일반 사용자로서는 OS에 등록된 폰트 이름을 잘 모를 수 있습니다. 그래서 matplotlib의 font_manager를 통해 FontProperties에서 fname이라는 옵션에 폰트 경로를 알려주고, get_name()을 사용하면 해당 폰트 경로의 폰트 이름을 알 수 있습니다.

그리고,

```
plt.rcParams['axes.unicode_minus'] = False
```

를 사용한 것은 matplotlib의 폰트를 한글로 변경하고 나면 마이너스(-) 기호가 깨지는 현상이 있습니다. 그 현상을 극복하는 방법입니다.

또 주석(#) 처리된 줄은 맥 사용자들을 위한 애플 고딕 위치이고, 주석처리 되지 않은 영역은 윈도우 사용자를 위한 맑은고딕체의 위치입니다. 윈도우 사용자라도 파이썬은 폴더를 의미하는 기호가 /라는 것에 주의해야 합니다.

2.7 데이터를 그래프로 표현하기

```
In [48]: raw_data
```
Out[48]:

응답	스트레스	스트레스남학생	스트레스여학생	우울감경험률	우울남학생	우울여학생	자살생각율	자살남학생	자살여학생
그렇다	42.7	34.5	51.5	29.6	24.2	35.4	15.4	11.8	19.2
아니다	57.3	65.5	48.5	70.4	75.8	64.6	84.6	88.2	80.8

다시 우리의 데이터를 들여다보겠습니다. 우리의 데이터는 '그렇다', '아니다'로 구분되어 있습니다. 그러므로 파이(pie) 그래프가 좋을 것 같습니다.

```
In [49]: raw_data['스트레스'].plot.pie()
```
Out[49]: <matplotlib.axes._subplots.AxesSubplot at 0x12090e198>

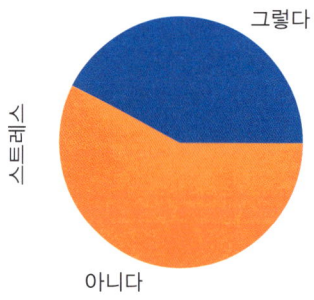

Pandas는 옵션처럼 바로 `plot`을 지원합니다. 위 그림을 보면, 스트레스를 받아본 경험이 있다고 응답한 10대를 쉽게 구분할 수 있습니다.

```
In [50]: raw_data['스트레스'].plot.pie(explode=[0,0.02]);
```

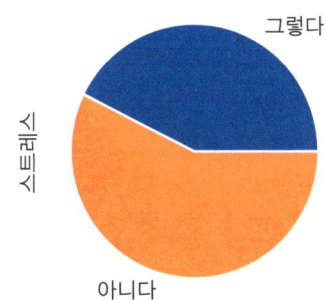

explode 옵션을 사용하면 파이 그래프의 항목 사이를 원점으로부터 떨어뜨려 줍니다.

```
In [51]: f, ax = plt.subplots(1,3, figsize=(16,8))

raw_data['스트레스'].plot.pie(explode=[0,0.02], ax=ax[0], autopct='%1.1f%%'
)
ax[0].set_title('스트레스를 받은적 있다')
ax[0].set_ylabel('')

raw_data['우울감경험률'].plot.pie(explode=[0,0.02], ax=ax[1], autopct='%1.1
f%%')
ax[1].set_title('우울증을 경험한적 있다')
ax[1].set_ylabel('')

raw_data['자살생각율'].plot.pie(explode=[0,0.02], ax=ax[2], autopct='%1.1f%
%')
ax[2].set_title('자살을 고민한적 있다')
ax[2].set_ylabel('')

plt.show()
```

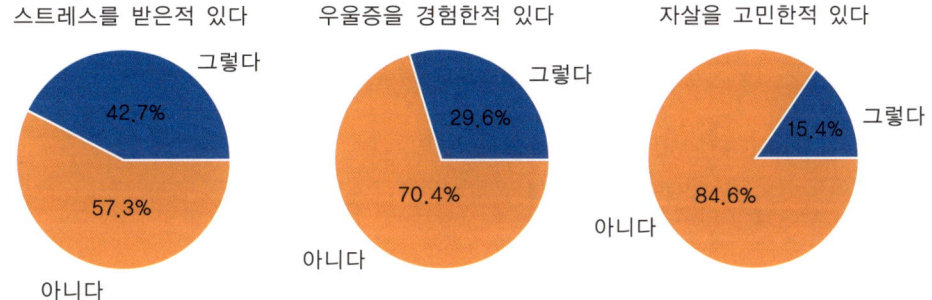

갑자기 복잡한 코드가 나왔다고 놀라지 않아도 됩니다. 하나씩 천천히 보겠습니다.

```
f, ax = plt.subplots(1,3, figsize=(16,8))
```

이 코드는 1행 3열로 plot을 배치한다는 의미와 전체 그림의 크기를 설정하는 옵션을 줄 수 있습니다. matplotlib.pyplot.subplots는 figure와 axes 오브젝트를 반환하는데, 위 코드처럼 f, ax로 받으면, figure와 axes의 속성을 하나하나 지정할 수 있습니다. 특히 subplot으로 3개를 그리겠다고 했기 때문에, ax는 ax[0], ax[1], ax[2]까지 속성을 각각 지정할 수 있습니다.

그래서 set_title, set_ylabel를 각각 제목과 y라벨을 지정해서 그릴 수 있습니다.

코드 51의 결과를 보면, 42.7%나 되는 서울시의 10대들이 스트레스를 받은 적이 있다고 응답했습니다. 29.6%나 되는 10대들이 우울증을, 자살을 고민한 10대는 15.4%나 된다는 것을 알 수 있습니다.

이번 장에서는 파이썬의 기초와 pandas와 matplotlib의 기초를 학습하는 것에 비중을 두었지만, 실제 데이터를 정리하고 정리된 데이터를 시각적으로 표현하는 것을 배웠습니다.

다음 장에서는 더 재미있는 내용을 학습해 보겠습니다.

Chapter 03

운동량 데이터 분석해 보기

2장에서의 프로젝트는 어땠나요? 파이썬으로 간단히 할 수 있는 일들과 몇 가지 모듈의 사용법 등을 익혔고, 이를 이용해서 데이터를 정리하고 그래프로 표현하는 연습도 해 보았습니다. 이번 장에서도 파이썬의 기초 사용법과 운동량 데이터 분석하기라는 주제로 또 하나의 프로젝트를 진행해 보겠습니다. 이번 프로젝트에서는 CSV 파일에 데이터를 읽고 쓰는 것, Python의 반복문(for)과 조건문(if), Python의 자료형 중 기본이 되는 list 형, pivot_table의 활용 등에 관해 학습할 것입니다.

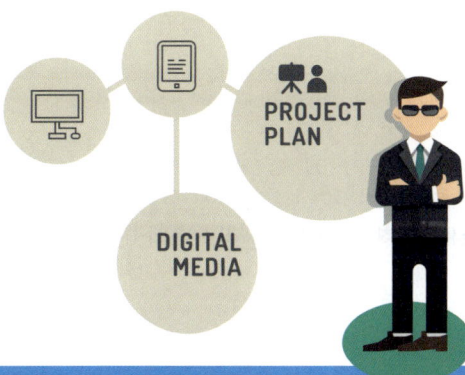

3.1 파이썬의 기본 데이터 구조인 list형

파이썬의 가장 기본이 되는 데이터 구조 중 하나가 리스트(list)형 데이터 구조입니다. 사용하기 아주 간편할 뿐만 아니라 유용하고도 강력합니다. 리스트형의 기본적인 기능을 학습하고 다음을 진행하도록 하겠습니다.

```
In [1]: list1 = [1, 2, 3, 4, 5]
        list1
Out[1]: [1, 2, 3, 4, 5]
```

파이썬에서 리스트형 데이터는 대괄호로 선언합니다. 코드 1처럼 대괄호 안에 데이터를 넣으면 리스트형 데이터가 됩니다.

```
In [2]: list2 = ['a', 'b', 1, 2, 3]
        list2
Out[2]: ['a', 'b', 1, 2, 3]
```

다른 언어와 달리 파이썬의 리스트형에는 다양한 형태의 데이터가 포함될 수 있습니다. 문자나 숫자를 혼용할 수 있고, list 안에 list를 넣을 수도 있습니다.

```
In [3]: len(list2)
Out[3]: 5
```

리스트형의 크기를 알고 싶으면, `len()` 함수를 사용하면 됩니다.

```
In [4]: list1.append(1)
        list1
Out[4]: [1, 2, 3, 4, 5, 1]
```

append 명령을 이용하면 리스트의 마지막에 데이터를 하나 추가할 수 있습니다.

```
In [5]: list1.pop()
        list1
Out[5]: [1, 2, 3, 4, 5]
```

pop 명령은 리스트의 마지막 데이터를 삭제합니다.

```
In [6]: list2.extend(['aa', 'bb', 'cc'])
        list2
Out[6]: ['a', 'b', 1, 2, 3, 'aa', 'bb', 'cc']
```

extend 명령은 append와 달리 다수의 데이터를 리스트형 뒤에 넣을 수 있습니다.

```
In [7]: list2.remove('a')
        list2
Out[7]: ['b', 1, 2, 3, 'aa', 'bb', 'cc']
```

remove 명령은 해당 이름의 데이터를 삭제합니다.

```
In [8]: list1.remove(1)
        list1
Out[8]: [2, 3, 4, 5]
```

만약 같은 이름의 데이터가 있는 경우 remove는 모두 삭제합니다.

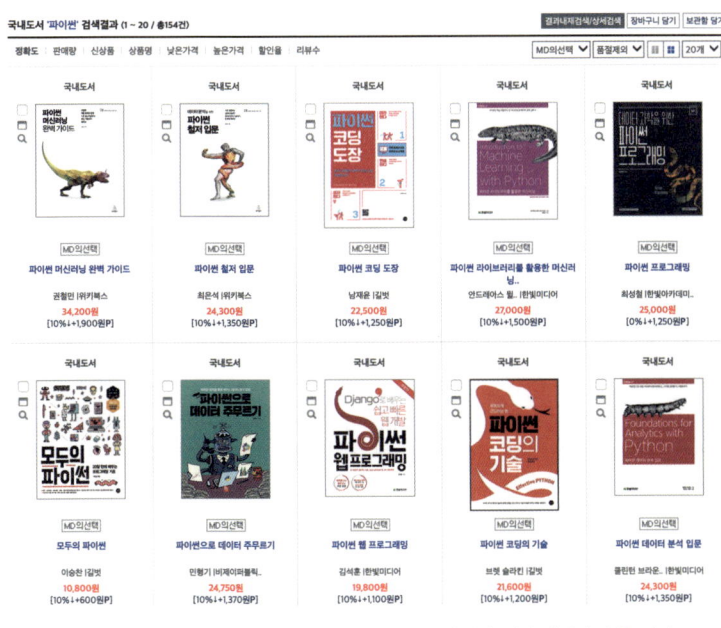

그림 3-1은 교보문고에서 집계한 3월 초 기준 IT/컴퓨터 부분 파이썬 관련 서적 최다 판매량 순위입니다.

▲ 그림 3-1. 3월 초 기준 교보문고 IT/컴퓨터 파이썬 관련 최다 판매량 순위 서적

```
In [9]: py_book = ['파이썬 머신러닝 완벽 가이드', '파이썬 철저 입문', '파이썬 코딩 도장',
                   '파이썬 라이브러리를 활용한 머신러닝', '파이썬 프로그래밍']
        py_book

Out[9]: ['파이썬 머신러닝 완벽 가이드',
         '파이썬 철저 입문',
         '파이썬 코딩 도장',
         '파이썬 라이브러리를 활용한 머신러닝',
         '파이썬 프로그래밍']
```

이렇게 리스트형으로 책 이름을 입력할 수 있습니다. 여기에 '모두의 파이썬'이라는 책을 뒤에 추가하고 싶다면

```
In [10]: py_book.append('모두의 파이썬')
         py_book

Out[10]: ['파이썬 머신러닝 완벽 가이드',
          '파이썬 철저 입문',
          '파이썬 코딩 도장',
          '파이썬 라이브러리를 활용한 머신러닝',
          '파이썬 프로그래밍',
          '모두의 파이썬']
```

이라고 하면 됩니다. 추가로 '파이썬으로 데이터 주무르기'를 추가하면

```
In [11]: py_book.append('파이썬으로 데이터 주무르기')
         py_book

Out[11]: ['파이썬 머신러닝 완벽 가이드',
          '파이썬 철저 입문',
          '파이썬 코딩 도장',
          '파이썬 라이브러리를 활용한 머신러닝',
          '파이썬 프로그래밍',
          '모두의 파이썬',
          '파이썬으로 데이터 주무르기']
```

라고 또 하면 됩니다. 여기서 각 책의 가격을 책 제목 옆에 넣는 것을 보겠습니다. 먼저 첫 번째 책인 '파이썬 머신러닝 완벽 가이드'는 0번째 자리입니다. 그 오른쪽 옆은 1번째 자리이고요.

```
In [12]: py_book.insert(1, 34200)
         py_book

Out[12]: ['파이썬 머신러닝 완벽 가이드',
          34200,
```

```
' 파이썬 철저 입문',
' 파이썬 코딩 도장',
' 파이썬 라이브러리를 활용한 머신러닝 ',
' 파이썬 프로그래밍 ',
' 모두의 파이썬',
' 파이썬으로 데이터 주무르기 ']
```

이렇게 위치와 금액을 입력할 수 있습니다.

```
In [13]: py_book.insert(3, 24300)
         py_book.insert(5, 22500)
         py_book.insert(7, 27000)
         py_book.insert(9, 25000)
         py_book.insert(11, 10800)
         py_book
```

```
Out[13]: [' 파이썬 머신러닝 완벽 가이드',
         34200,
         ' 파이썬 철저 입문',
         24300,
         ' 파이썬 코딩 도장',
         22500,
         ' 파이썬 라이브러리를 활용한 머신러닝 ',
         27000,
         ' 파이썬 프로그래밍 ',
         25000,
         ' 모두의 파이썬',
         10800,
         ' 파이썬으로 데이터 주무르기 ']
```

이렇게 가격이 잘 `insert` 되었습니다. 마지막 '파이썬으로 데이터 주무르기'의 가격은 맨 뒤에 추가(append)만 하면 됩니다.

```
In [14]: py_book.append(24750)
         py_book
```

```
Out[14]: [' 파이썬 머신러닝 완벽 가이드',
         34200,
         ' 파이썬 철저 입문',
         24300,
         ' 파이썬 코딩 도장',
         22500,
         ' 파이썬 라이브러리를 활용한 머신러닝 ',
         27000,
         ' 파이썬 프로그래밍 ',
         25000,
         ' 모두의 파이썬',
         10800,
         ' 파이썬으로 데이터 주무르기 ',
         24750]
```

3.2 데이터를 저장하고 읽기

2장에서 우리는 엑셀 데이터를 읽어보았습니다. 이번에는 데이터 과학에서 많이 사용하는 csv(comma-separated values) 형태의 파일을 읽고/쓰는 연습을 해 보겠습니다. csv 파일은 데이터 필드 사이에 쉼표(comma)를 넣어서 구분하는 형태의 아주 간단한 파일입니다. 먼저 몇 가지 데이터를 만들어서 시작하겠습니다.

```
In [15]: import pandas as pd
         practice = pd.DataFrame({'날짜':[], '운동':[], '양':[]})
         practice
```
Out[15]:
날짜	운동	양

먼저 하루하루 운동량을 저장하기 위해 빈 DataFrame을 하나 만들겠습니다. 이렇게 한 후에 DataFrame도 리스트형처럼 같은 DataFrame이라면 `append`가 가능하지만, 우리는 `loc` 옵션으로 하나씩 추가하는 방법을 선택하겠습니다.

```
In [16]: practice.loc[0] = ['19-3-1', '달리기', 1.]
         practice
```
Out[16]:
	날짜	운동	양
0	19-3-1	달리기	1.0

이 코딩의 가정은 하루하루 운동한 양을 코드 16번처럼 입력한다는 것입니다.

```
In [17]: practice.loc[1] = ['19-3-2', '걷기', 1.]
         practice.loc[2] = ['19-3-2', '달리기', 1.]
         practice.loc[3] = ['19-3-2', '계단오르기', 1.]
         practice
```
Out[17]:
	날짜	운동	양
0	19-3-1	달리기	1.0
1	19-3-2	걷기	1.0
2	19-3-2	달리기	1.0
3	19-3-2	계단오르기	1.0

3월 2일에는 걷기와 달리기 계단 오르기를 모두 1시간씩 했다는 의미입니다.

```
In [18]: practice.loc[4] = ['19-3-3', '걷기', 1.5]
         practice.loc[5] = ['19-3-3', '달리기', 1.]
         practice
```

Out[18]:

	날짜	운동	양
0	19-3-1	달리기	1.0
1	19-3-2	걷기	1.0
2	19-3-2	달리기	1.0
3	19-3-2	계단오르기	1.0
4	19-3-3	걷기	1.5
5	19-3-3	달리기	1.0

이제 이렇게 입력만 하면 되는 것이 아니라 이 데이터를 저장할 수도 있어야 합니다.

```
In [19]: practice.to_csv("./data/practice.csv", encoding='utf-8')
```

위 명령에 있듯이 DataFrame 변수(practic)에서 csv로 저장하는 명령이 바로 **to_csv** 명령입니다. 이 명령을 통해 저장된 파일은 코드 19에 있듯이 data 폴더 아래 practice.csv라는 파일 이름으로 저장됩니다.

2장에서 학습하는 코드가 위치하는 곳에 data 폴더를 두는 것으로 했습니다. 만약 경로나 파일이 없다는 에러를 만나면, data 폴더의 위치가 잘못되었다는 것이므로 './practice.csv'로 경로를 지정해도 됩니다. 경로를 지정하면 읽을 때도 그 경로로 읽어야 합니다.

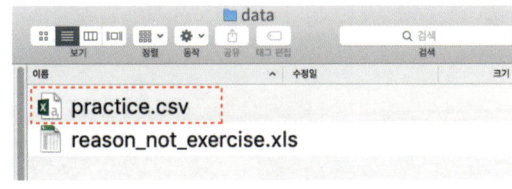

▲ 그림 3-2. csv파일이 data 폴더에 저장된 화면

이제 2장에서 다루었던 데이터와 함께 practice.csv 파일도 저장된 것을 확인할 수 있습니다.

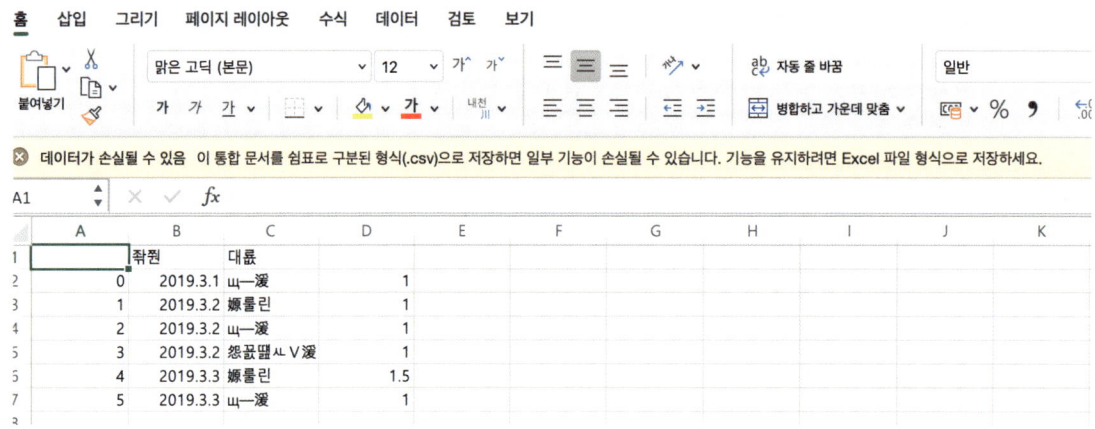

▲ 그림 3-3. 저장된 csv 파일을 엑셀로 열어본 화면

그런데 저장된 파일을 엑셀로 열어보면 이상하게 보입니다. 그 이유는 코드 19에서 encoding이라는 옵션에 utf-8로 저장했기 때문입니다. 영어가 아닌 언어는 먼저 encoding 설정이 필요합니다. utf-8은 현재 웹에서 가장 많이 쓰이는 인코딩 방식입니다. 그런데 마이크로소프트의 워드나 엑셀과 같은 오피스 제품은 utf-8을 지원하지 않습니다.

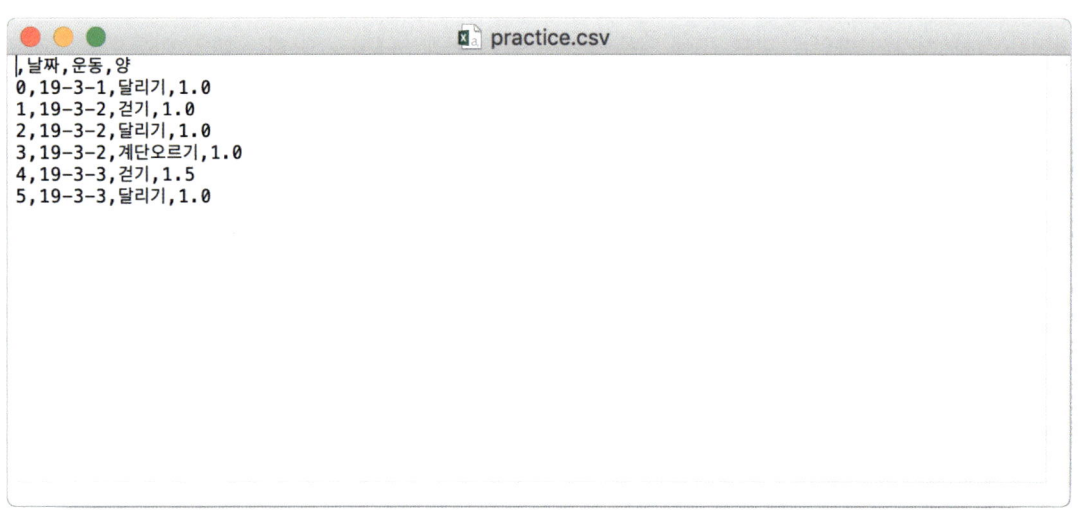

▲ 그림 3-4. 저장된 csv 파일을 메모장으로 열어본 화면

그렇다고 데이터가 잘못된 것은 아닙니다. utf-8이 지원되는 다른 프로그램에서는 잘 열립니다. 우리는 이 파일을 엑셀에서 열지 않을 것이므로 걱정하지 않아도 됩니다.

이제 저장된 파일을 다시 읽는 경우를 생각해야 합니다. 가장 편하게 읽어보겠습니다.

In [20]: `pd. read_csv ( "./data/practice.csv" ,  encoding ='utf-8' )`

Out[20]:

	Unnamed: 0	날짜	운동	양
0	0	19-3-1	달리기	1.0
1	1	19-3-2	걷기	1.0
2	2	19-3-2	달리기	1.0
3	3	19-3-2	계단오르기	1.0
4	4	19-3-3	걷기	1.5
5	5	19-3-3	달리기	1.0

잘 읽은 것 같지만, 저장할 때와 달리 데이터가 하나 더 있습니다. 그것은 코드 18의 결과에서 인덱스의 번호가 그림 3-4에서 저장되었는데, 그것을 읽을 때는 인덱스 번호인지 중요한 다른 데이터인지를 몰라서 코드 20의 결과처럼 읽게 된 것입니다.

In [21]: `pd. read_csv ( "./data/practice.csv",  index_col=0,  encoding ='utf-8' )`

Out[21]:

	날짜	운동	양
0	19-3-1	달리기	1.0
1	19-3-2	걷기	1.0
2	19-3-2	달리기	1.0
3	19-3-2	계단오르기	1.0
4	19-3-3	걷기	1.5
5	19-3-3	달리기	1.0

그럴 때는 `index_col`이라는 옵션에서 인덱스 번호를 지정해 주면 됩니다. 하루하루 이렇게 코드를 반복해서 데이터를 쌓았다고 보겠습니다.

In [22]:
```
practice = pd.read_csv("./data/practice.csv", index_col=0, encoding='utf-8')
practice
```

Out[22]:

	날짜	운동	양
0	19-3-1	달리기	1.0
1	19-3-2	걷기	1.0
2	19-3-2	달리기	1.0
3	19-3-2	계단오르기	1.0
4	19-3-3	걷기	1.5
5	19-3-3	달리기	1.0

In [23]:
```
practice.loc[6] = ['19-3-4', '걷기', 1.5]
practice.loc[7] = ['19-3-5', '달리기', 1.]
practice.loc[8] = ['19-3-6', '걷기', 2.5]
practice.loc[9] = ['19-3-6', '달리기', 0.5]
practice
```

Out[23]:

	날짜	운동	양
0	19-3-1	달리기	1.0
1	19-3-2	걷기	1.0
2	19-3-2	달리기	1.0
3	19-3-2	계단오르기	1.0
4	19-3-3	걷기	1.5
5	19-3-3	달리기	1.0
6	19-3-4	걷기	1.5
7	19-3-5	달리기	1.0
8	19-3-6	걷기	2.5
9	19-3-6	달리기	0.5

이렇게 데이터를 모아두면 아마 데이터가 많아질 겁니다. 이제 이 데이터를 어떻게 사용할지를 고민해야 할 것입니다.

3.3 데이터를 정리하는 마법 같은 단어 pivot_table

그림 3-5는 코드 23의 결과입니다. 이 데이터는 raw data입니다. 이 데이터를 가지고 다음 물음에 답할 수 있을까요?

- 달리기를 몇 회 했죠?
- 달리기/걷기/계단 오르기를 각각 얼마씩 한 거죠?
- 날짜별/운동별로 데이터를 한눈에 보기 좋게 만들어 줄 순 없나요?

	날짜	운동	양
0	19-3-1	달리기	1.0
1	19-3-2	걷기	1.0
2	19-3-2	달리기	1.0
3	19-3-2	계단오르기	1.0
4	19-3-3	걷기	1.5
5	19-3-3	달리기	1.0
6	19-3-4	걷기	1.5
7	19-3-5	달리기	1.0
8	19-3-6	걷기	2.5
9	19-3-6	달리기	0.5

물론 이런 질문에는 그림 3-5 정도 크기의 데이터라면 손으로 일일이 정리하면 됩니다. 우리는 배우는 단계라 이정도 양으로 연습하는 것이지만, 데이터가 많다면 프로그램이라는 것이 동원되어야 할 겁니다.

▲ 그림 3-5. 저장된 raw data

```
In [24]: practice.pivot_table(index="운동")
```
Out[24]:

운동	양
걷기	1.625
계단오르기	1.000
달리기	0.900

혹시 놀라지 않으셨나요? `pivot_table`이라는 명령입니다. 데이터를 순식간에 잘 정리해 줍니다. 이 기능은 스프레드시트 프로그램들도 대부분 가진 기능입니다. 그림 3-5에서 피벗 테이블을 '운동'이라는 칼럼에 적용한 결과가 코드 24입니다. 그림 3-5의 기간 동안 평균적으로 걷기 1.625시간, 계단 오르기 1시간, 달리기 0.9시간 운동한 것으로 다시 표현되었습니다.

```
In [25]: import numpy as np
         practice.pivot_table(index="운동", aggfunc=np.sum)
```
Out[25]:

운동	양
걷기	6.5
계단오르기	1.0
달리기	4.5

numpy라는 모듈은 처음 나온 것이 아닙니다. 여기에서는 numpy의 sum 함수를 사용하려고 import 했습니다. pivot_table의 옵션에는 aggfunc이 있습니다. 이 옵션은 데이터를 정리할 때, 어떤 함수를 적용할지 결정할 수 있습니다. 코드 24처럼 적용하지 않으면 기본값은 평균입니다. 코드 25에서는 합계로 적용해 달라고 했습니다.

코드 24와 코드 25를 보면서 이상함을 느낀 곳이 있나요? 계단 오르기 항목이 조금 이상합니다. 평균도 1, 합계도 1, 날짜는 6일간입니다. 눈치챘는지 몰라도, 코드 24에서 평균을 잡을 때는 입력된 항목 기준입니다. 하루만 입력이 되어서 하나에 대한 평균만 잡은 것입니다.

```
In [26]: practice.pivot_table(index="운동", aggfunc=[np.sum, len])
```
Out[26]:

	sum	len	
운동	양	날짜	양
걷기	6.5	4	4.0
계단오르기	1.0	1	1.0
달리기	4.5	5	5.0

aggfunc 옵션에 np.sum과 크기(또는 개수)를 의미하는 len 함수를 리스트형으로 두면 코드 26과 같이 나타납니다. 전체 양과 운동을 한 날짜와 양이 나타납니다.

```
In [27]: practice.pivot('날짜','운동','양')
```
Out[27]:

운동	걷기	계단오르기	달리기
날짜			
19-3-1	NaN	NaN	1.0
19-3-2	1.0	1.0	1.0

19-3-3	1.5	NaN	1.0
19-3-4	1.5	NaN	NaN
19-3-5	NaN	NaN	1.0
19-3-6	2.5	NaN	0.5

또한, `pivot`이 있습니다. 이 기능을 이용하면 가로축/세로축을 의미하는 인덱스와 칼럼을 쉽게 재지정할 수 있어서 데이터프레임의 형태를 손쉽게 변환할 수 있습니다.

```
In [28]:  prac_pivot = practice.pivot('날짜','운동','양')
          prac_pivot.fillna(0, inplace=True)
          prac_pivot
```

Out[28]:

운동 날짜	걷기	계단오르기	달리기
19-3-1	0.0	0.0	1.0
19-3-2	1.0	1.0	1.0
19-3-3	1.5	0.0	1.0
19-3-4	1.5	0.0	0.0
19-3-5	0.0	0.0	1.0
19-3-6	2.5	0.0	0.5

코드 27의 결과에 보면 NaN(Not a Number)이 포함되어 있습니다. 이런 값들을 바로 처리할 수 있는 명령이 pandas가 제공하는 `fillna`입니다. 먼저 pivot 결과를 `prac_pivot`에 저장하고, `prac_pivot`에서 `fillna`로 NaN을 0으로 채워서 `prac_pivot` 변수의 내용을 갱신(inplace)하라고 합니다. 그러면 코드 28과 같은 결과가 나타납니다.

3.4 '운동을 하지 않는 이유'에 대한 데이터 분석

운동에 관한 데이터를 가지고 연습을 해본 김에 2장에서 소개한 공공데이터포털에 재미난 데이터가 있는데 한 번 분석해 보도록 하겠습니다. 이 과정에서 더 많은 기능을 학습해 보겠습니다.

▲ 그림 3-6. 공공데이터 포털에서 운동을 하지 않는 이유에 대한 데이터 페이지

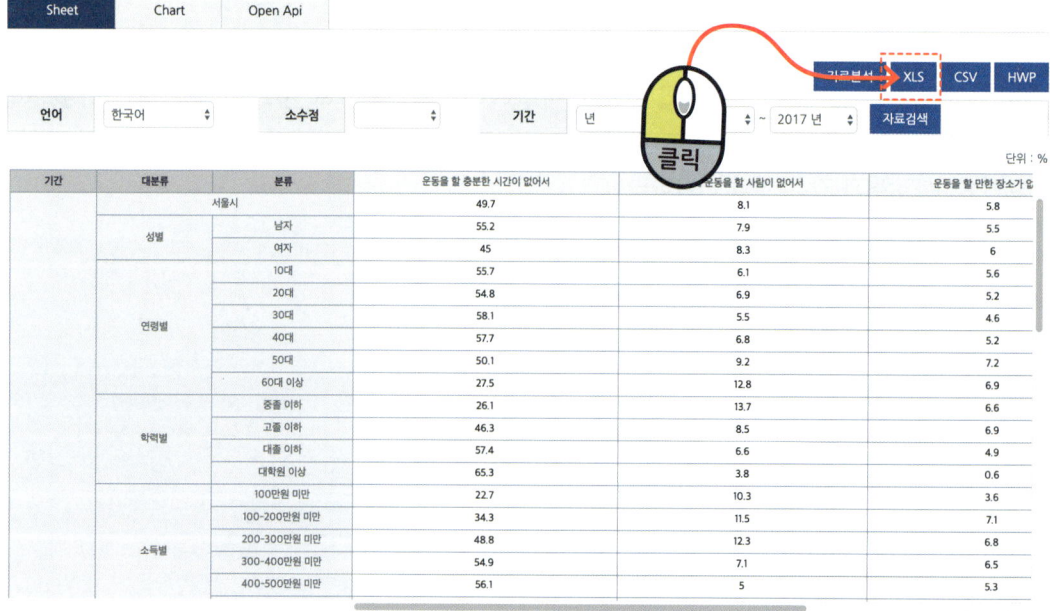

▲ 그림 3-7. 공공데이터포털에서 운동을 하지 않는 이유에 대한 데이터 페이지의 하단

구글에서 '공공데이터포털 운동을 하지 않는 이유에 대한 데이터'라고 검색하고 나타나는 그림 3-6의 하단에서 그림 3-7의 xls 버튼을 눌러 엑셀 형식으로 데이터를 받습니다. 해당 데이터를 data 폴더에 저장합니다.

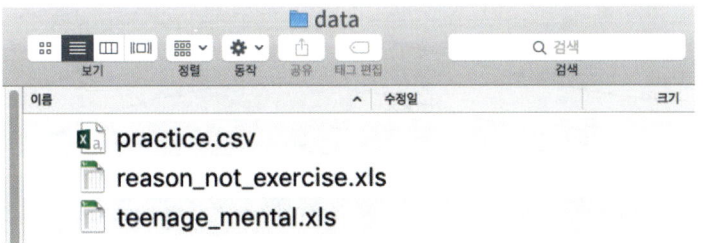

▲ 그림 3-8. 운동을 하지 않는 이유에 대한 데이터를 data 폴더에 저장한 화면

이제 2장에서 했던 것처럼 pandas로 읽어보겠습니다.

```
In [29]: not_exercise = pd.read_excel("./data/reason_not_exercise.xls")
         not_exercise.head()
```

Out[29]:

	기간	대분류	분류	운동을 할 충분한 시간이 없어서	함께 운동을 할 사람이 없어서	운동을 할 만한 장소가 없어서	운동을 싫어해서	기타
0	2017	서울시	서울시	49.7	8.1	5.8	34.7	1.7
1	2017	성별	남자	55.2	7.9	5.5	29.8	1.6
2	2017	성별	여자	45.0	8.3	6.0	38.8	1.8
3	2017	연령별	10대	55.7	6.1	5.6	32.2	0.3
4	2017	연령별	20대	54.8	6.9	5.2	32.9	0.1

이 데이터는 그림 3-7처럼 다양한 분류로 데이터를 구분하고 있습니다. 그러나 우리는 '기간'이라는 칼럼은 의미가 없습니다. 이 칼럼은 삭제하겠습니다. 그전에 not_exercise.head()의 head()는 앞부분 5개만 보여달라는 의미입니다.

```
In [30]: not_exercise.drop(columns='기간', inplace=True)
         not_exercise
```

Out[30]:

	대분류	분류	운동을 할 충분한 시간이 없어서	함께 운동을 할 사람이 없어서	운동을 할 만한 장소가 없어서	운동을 싫어해서	기타
0	서울시	서울시	49.7	8.1	5.8	34.7	1.7
1	성별	남자	55.2	7.9	5.5	29.8	1.6

	대분류	분류	운동을 할 충분한 시간이 없어서	함께 운동을 할 사람이 없어서	운동을 할 만한 장소가 없어서	운동을 싫어해서	기타
2	성별	여자	45.0	8.3	6.0	38.8	1.8
3	연령별	10대	55.7	6.1	5.6	32.2	0.3
4	연령별	20대	54.8	6.9	5.2	32.9	0.1
5	연령별	30대	58.1	5.5	4.6	31.6	0.2
6	연령별	40대	57.7	6.8	5.2	29.4	1
	연령별	50대	50.1				1.4
44	구로구	구로구	42.9	6.1	7.3	43.3	0.4
45	금천구	금천구	42.4	7.8	3.2	46.1	0.5
46	영등포구	영등포구	53.8	3.4	4.0	34.8	4
47	동작구	동작구	46.0	-	1.1	47.0	5.9
48	관악구	관악구	50.7	7.1	6.9	33.6	1.7
49	서초구	서초구	59.8	3.4	3.2	32.0	1.5
50	강남구	강남구	59.1	5.5	2.6	31.5	1.3
51	송파구	송파구	42.6	7.2	5.8	44.3	0.1
52	강동구	강동구	53.1	9.6	6.8	30.4	0.1

그리고 서울시 구별 데이터는 지금의 목적과는 관계가 없어서 인덱스 28부터는 지우겠습니다.

```
In [31]: not_exercise.drop(index=range(22,53), inplace=True)
         not_exercise
```

Out[31]:

	대분류	분류	운동을 할 충분한 시간이 없어서	함께 운동을 할 사람이 없어서	운동을 할 만한 장소가 없어서	운동을 싫어해서	기타
0	서울시	서울시	49.7	8.1	5.8	34.7	1.7
1	성별	남자	55.2	7.9	5.5	29.8	1.6
2	성별	여자	45.0	8.3	6.0	38.8	1.8
3	연령별	10대	55.7	6.1	5.6	32.2	0.3
4	연령별	20대	54.8	6.9	5.2	32.9	0.1
5	연령별	30대	58.1	5.5	4.6	31.6	0.2
6	연령별	40대	57.7	6.8	5.2	29.4	1
7	연령별	50대	50.1	9.2	7.2	32.2	1.4
8	연령별	60대 이상	27.5	12.8	6.9	46.8	6
9	학력별	중졸 이하	26.1	13.7	6.6	46.2	7.4

10	학력별	고졸 이하	46.3	8.5	6.9	36.5	1.7
11	학력별	대졸 이하	57.4	6.6	4.9	30.7	0.4
12	학력별	대학원 이상	65.3	3.8	0.6	29.6	0.6
13	소득별	100만원 미만	22.7	10.3	3.6	50.7	12.7
14	소득별	100-200 만원 미만	34.3	11.5	7.1	41.5	5.6
15	소득별	200-300 만원 미만	48.8	12.3	6.8	30.7	1.4
16	소득별	300-400 만원 미만	54.9	7.1	6.5	31.2	0.3
17	소득별	400-500 만원 미만	56.1	5	5.3	33.0	0.6
18	소득별	500만원 이상	52.3	7.1	5.1	34.9	0.6
19	혼인상태별	기혼	50.7	7.8	5.4	34.9	1.2
20	혼인상태별	미혼	54.3	7.1	5.4	32.2	1
21	혼인상태별	이혼/별거	47.4	8.3	6.8	34.9	2.7

이렇게 정리한 후 대분류 또는 분류에서 데이터를 뽑아 그래프로 확인해 보겠습니다.

```
In [32]: not_exercise['대분류']=='성별'
```

```
Out[32]: 0     False
         1     True
         2     True
         3     False
         4     False
         5     False
         6     False
         7     False
         8     False
         9     False
         10    False
         11    False
         12    False
         13    False
         14    False
         15    False
         16    False
         17    False
```

```
18  False
19  False
20  False
21  False
Name: 대분류 , dtype: bool
```

대분류 칼럼에서 '성별'만 찾으면 코드 32처럼 결과가 나타납니다. 이 조건문을 이용해서 대분류가 성별인 행만 추려낼 수 있습니다.

```
In [33]: not_ex_sex = not_exercise[not_exercise['대분류']=='성별'].copy()
         not_ex_sex
```

Out[33]:

	대분류	분류	운동을 할 충분한 시간이 없어서	함께 운동을 할 사람이 없어서	운동을 할 만한 장소가 없어서	운동을 싫어해서	기타
1	성별	남자	55.2	7.9	5.5	29.8	1.6
2	성별	여자	45.0	8.3	6.0	38.8	1.8

여기서 잠시 파이썬의 copy 규칙을 들여다볼 필요가 있습니다.

```
In [34]: test_a = [1, 2, 3, 4]
         test_a
Out[34]: [1, 2, 3, 4]
```

test_a를 [1,2,3,4]로 저장합니다.

```
In [35]: test_b = test_a
         test_b
Out[35]: [1, 2, 3, 4]
```

그리고 test_b에 test_a를 카피(copy)합니다.

```
In [36]: test_b[2] = 0
         test_b
Out[36]: [1, 2, 0, 4]
```

그리고 test_b의 2번째(실제로는 3번째)를 0으로 변경합니다. 그럼 당연히 변경되겠죠. 지금 test_b를 변경했습니다. test_a를 확인해 보죠.

```
In [37]: test_a
Out[37]: [1, 2, 0, 4]
```

바뀌었습니다. 어떻게 된 걸까요. 애초

`test_b = test_a`

라고 할 때, test_b를 위한 공간이 준비되는 것이 아닙니다. 바로

`[1, 2, 3, 4]`

라는 데이터가 저장된 곳 하나를 test_a와 test_b가 모두 가리키고 있는 것입니다. 그래서 test_b의 내용을 바꾸면 test_a도 바뀌게 됩니다.

```
In [38]: test_c = test_a.copy()
         test_c
Out[38]: [1, 2, 0, 4]
```

그래서 등호(=)를 이용해서 변수를 저장할 때는 copy( ) 옵션을 사용합니다.

```
In [39]: test_c[2] = 100
         test_c
Out[39]: [1, 2, 100, 4]

In [40]: test_a
Out[40]: [1, 2, 0, 4]
```

그러면 위 코드처럼 변경되지 않습니다. 다시 본래 코드로 돌아와서 이 상태에서 그래프를 조금 간결하게 그리기 위해 대분류 칼럼을 지우겠습니다.

```
In [41]: not_ex_sex.drop(columns='대분류', inplace=True)
         not_ex_sex
```

Out[41]:

	분류	운동을 할 충분한 시간이 없어서	함께 운동을 할 사람이 없어서	운동을 할 만한 장소가 없어서	운동을 싫어해서	기타
1	남자	55.2	7.9	5.5	29.8	1.6
2	여자	45.0	8.3	6.0	38.8	1.8

여기서 그래프를 조금 편하게 그리기 위해 '분류'를 인덱스로 바꾸겠습니다.

In [42]:
```
not_ex_sex.set_index('분류', inplace=True)
not_ex_sex
```

Out[42]:

분류	운동을 할 충분한 시간이 없어서	함께 운동을 할 사람이 없어서	운동을 할 만한 장소가 없어서	운동을 싫어해서	기타
남자	55.2	7.9	5.5	29.8	1.6
여자	45.0	8.3	6.0	38.8	1.8

그리고, matplotlib를 사용해서 그래프를 그릴 건데, 그 전에 2-6-2절에서 이야기한 대로 한글 설정을 합니다.

In [43]:
```
import matplotlib.pyplot as plt
%matplotlib inline

from matplotlib import font_manager, rc
plt.rcParams['axes.unicode_minus'] = False

# f_path = "/Library/Fonts/AppleGothic.ttf"
f_path = "C:/Windows/Fonts/malgun.ttf"
font_name = font_manager.FontProperties(fname=f_path).get_name()
rc('font', family=font_name)
```

In [44]:
```
f, ax = plt.subplots(1,2, figsize=(16,8))

not_ex_sex['운동을 할 충분한 시간이 없어서'].plot.pie(explode=[0,0.02], ax=ax[0], autopct='%1.1f%%')
ax[0].set_title('운동을 할 충분한 시간이 없어서')
ax[0].set_ylabel('')

not_ex_sex['함께 운동을 할 사람이 없어서'].plot.pie(explode=[0,0.02], ax=ax[1], autopct='%1.1f%%')
ax[1].set_title('함께 운동을 할 사람이 없어서')
ax[1].set_ylabel('')

plt.show()
```

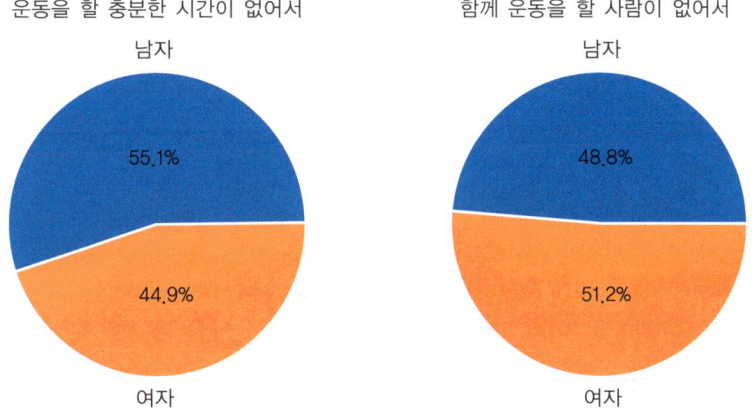

이제 그래프를 보면 약간 미묘하게 남/여의 차이를 알 수 있습니다. 근소한 차이이긴 하지만, 남자들은 운동할 충분한 시간이 없다고 답변하고, 여성들은 함께 운동할 사람이 없어서라고 답변을 했다는 것입니다.

In [45]:
```
not_ex_age = not_exercise[not_exercise['대분류']=='연령별'].copy()
not_ex_age.drop(columns='대분류', inplace=True)
not_ex_age.set_index('분류', inplace=True)
not_ex_age
```

Out[45]:

분류	운동을 할 충분한 시간이 없어서	함께 운동을 할 사람이 없어서	운동을 할 만한 장소가 없어서	운동을 싫어해서	기타
10대	55.7	6.1	5.6	32.2	0.3
20대	54.8	6.9	5.2	32.9	0.1
30대	58.1	5.5	4.6	31.6	0.2
40대	57.7	6.8	5.2	29.4	1
50대	50.1	9.2	7.2	32.2	1.4
60대 이상	27.5	12.8	6.9	46.8	6

이제는 성별로 그릴 때 했던 코드를 한 번에 다 적용하고 코드 45처럼 데이터를 얻겠습니다.

In [46]:
```python
f, ax = plt.subplots(1,3, figsize=(16,8))

explode_setting = [0.02, 0.02, 0.02, 0.02, 0.02, 0.02]

not_ex_age['운동을 할 충분한 시간이 없어서'].plot.pie(explode=explode_setting,
                                                    ax=ax[0],
                                                    autopct='%1.1f%%')
ax[0].set_title('운동을 할 충분한 시간이 없어서')
ax[0].set_ylabel('')

not_ex_age['함께 운동을 할 사람이 없어서'].plot.pie(explode=explode_setting,
                                                ax=ax[1],
                                                autopct='%1.1f%%')
ax[1].set_title('함께 운동을 할 사람이 없어서')
ax[1].set_ylabel('')

not_ex_age['운동을 할 만한 장소가 없어서'].plot.pie(explode=explode_setting,
                                                ax=ax[2],
                                                autopct='%1.1f%%')
ax[2].set_title('운동을 할 만한 장소가 없어서')
ax[2].set_ylabel('')

plt.show()
```

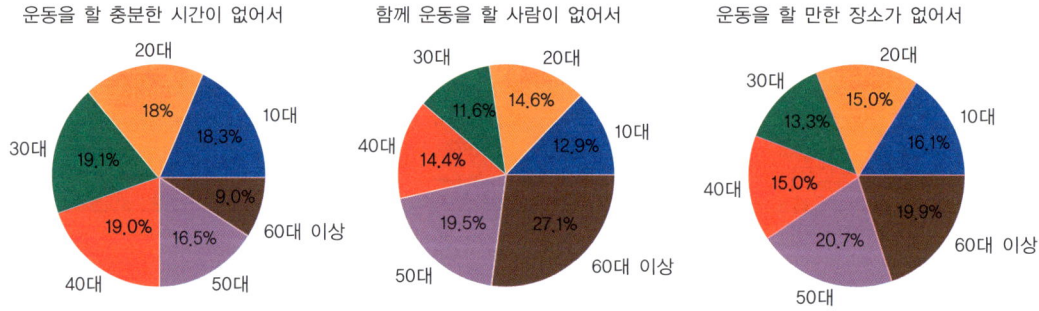

그리고 다시 그래프를 보면, 나이가 많을수록 함께 운동할 사람이 없어서라는 대답이 많아지고, 나이가 어릴 수록 시간이 없다는 이유를 말하는 경우가 보입니다.

Chapter 04

인터넷에서 데이터를 얻어서 엑셀로 정리해 보기

이번에는 우리나라의 대표적인 포털인 네이버에서 배포하는 다양한 기능을 가진 API를 사용해서 데이터를 확보하는 방법을 알려드리려고 합니다. 구글이나 페이스북 등 많은 회사가 API를 통해 자사의 서비스를 이용할 수 있도록 하고 있어서 데이터를 얻기가 점점 쉬워지고 있습니다. 우리는 파이썬을 활용하는 방법을 익히고 있으니까 조금 쉽고 간단하게 접근해 보도록 하겠습니다. 이 과정에서 필요한 만큼의 파이썬 기본 문법을 학습하도록 하겠습니다. 마지막으로 그렇게 얻은 정보를 엑셀로 정리해서 저장하는 것으로 마무리하겠습니다.

4.1 Naver 개발자 센터에서 애플리케이션 등록

일단 먼저 네이버의 API를 이용해보겠습니다. 네이버는 파이썬 사용자를 위한 예제 코드도 제공하고 있어서 접근이 조금 편합니다.

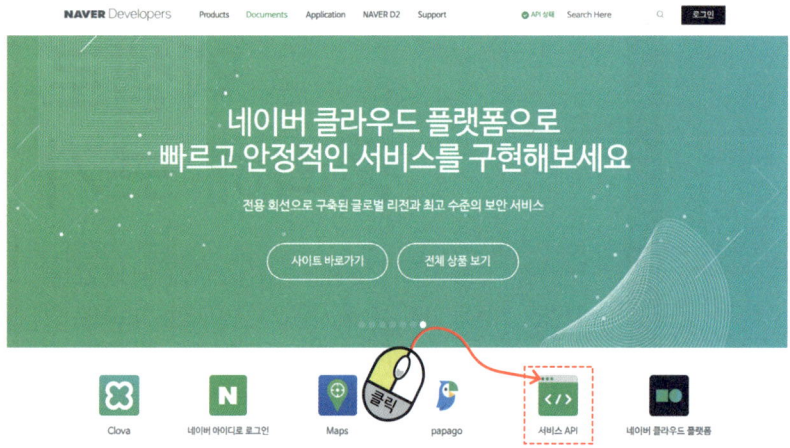

▲ 그림 4-1. 네이버 개발자 센터 메인 화면

그림 4-1의 네이버 개발자 센터로 가는 방법은 네이버(www.naver.com)에서 '네이버 개발자 센터'로 검색하면 됩니다. 주소는 https://developers.naver.com/main/입니다.

그림 4-1에서 '서비스 API' 아이콘을 클릭합니다. 그 전에 로그인해야 합니다. 상황에 따라서는 휴대폰으로 사용자 인증 절차를 거칠 수도 있습니다.

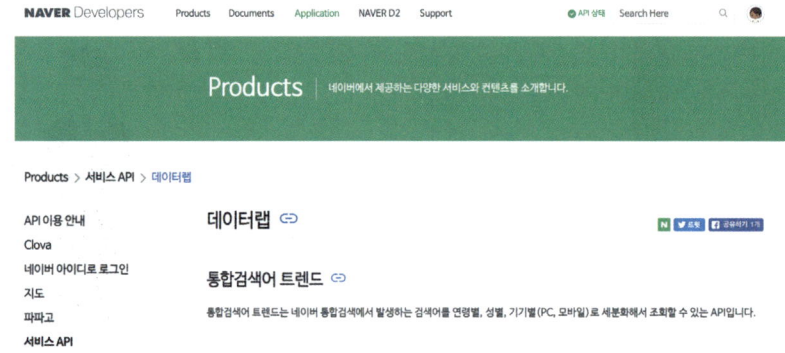

▲ 그림 4-2. 네이버 개발자 센터 서비스 API에 접속한 화면

그림 4-2와 같은 화면이 나타나면, 하단으로 내려가서 오픈 API 이용 신청 아이콘과 개발 가이드 보기 화면을 만날 수 있습니다. 여러분은 꼭 개발 가이드도 읽어보길 바랍니다. 우리는 지금 곁가지를 될 수 있으면 제외하고 프로젝트 진도를 나가고 있으니까 본 책을 읽은 후나 읽으면서 꼭 기본부터 다시 읽을 필요가 있습니다.

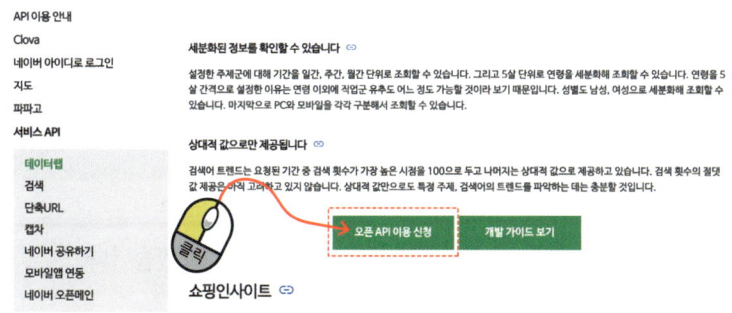

▲ 그림 4-3. 네이버 개발자 센터 서비스 API 이용 신청 아이콘이 나타난 화면

일단 그림 4-3에서 API 이용 신청 아이콘을 클릭합니다. 여기서 해당 서비스를 찾으려고 애쓰지 않아도 됩니다. 현재 네이버는 어떤 서비스 소개 페이지이든 API 이용 신청 아이콘을 클릭하면, 모두 동일한 화면으로 넘어갑니다.

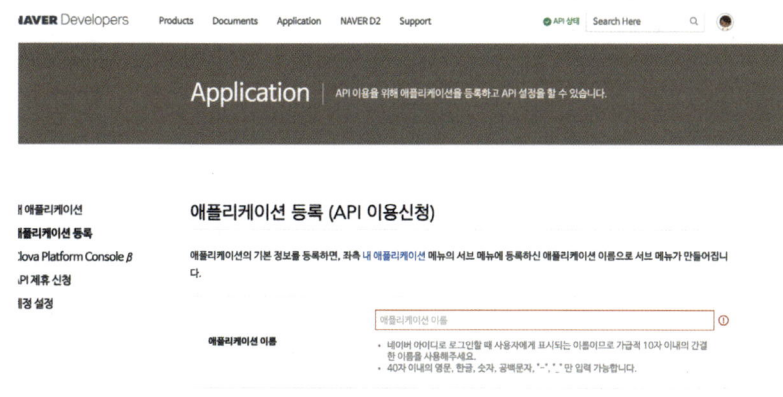

▲ 그림 4-4. 애플리케이션 등록 (API 이용신청) 화면

이제 그림 4-4에 나타난 화면에서 API를 신청합니다.

▲ 그림 4-5. 애플리케이션 등록 화면에서 애플리케이션 이름을 입력하는 화면

그림 4-5에서처럼 애플리케이션 이름을 정합니다. 이 책에서는 study_data라고 하겠습니다.

▲ 그림 4-6. 애플리케이션 등록 화면에서 사용 API를 선택하는 화면

그림 4-6에서는 사용 API를 선택합니다. 우리는 검색, 데이터랩(검색어트렌드), 데이터랩(쇼핑인사이트), Clova Face Recognition 이렇게 4가지 서비스를 선택하면 좋겠습니다. 실제 책에서는 검색과 Clova Face Recognition만 다루지만, 나머지 두 가지도 여러분들은 충분히 학습할 수 있다고 생각합니다. 남은 두 가지의 사용법은 저자의 블로그(pinkwink.kr)에서 별도로 다룰 겁니다.

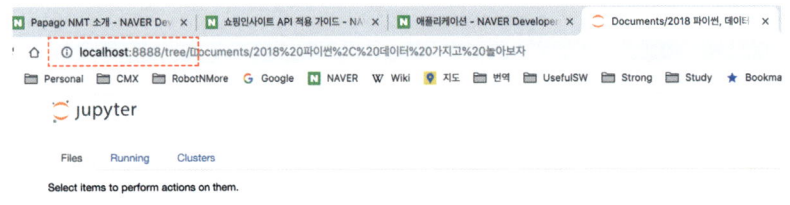

▲ 그림 4-7. Jupyter Notebook을 사용할 때 웹브라우저의 주소창에 나타난 주소

그리고 다음 단계로 넘어가기 전에 그림 4-7에서 보면 우리가 Jupyter Notebook을 사용할 때 웹브라우저에 나타나는 주소가 있습니다. 이 주소인 localhost를 기억해 둡니다.

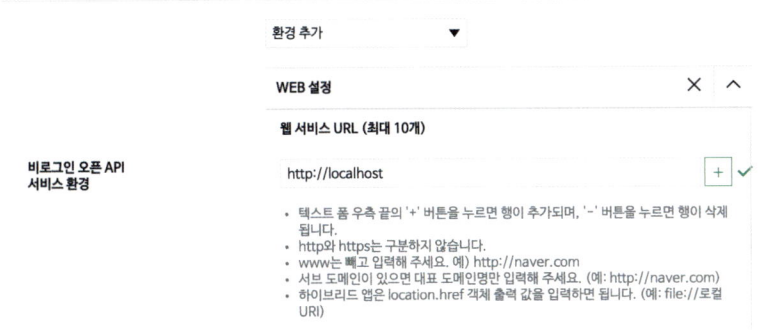

▲ 그림 4-8. Web 설정에 주소를 입력하는 장면

그래서 그림 4-8의 서비스환경 설정에서 환경추가에 WEB 설정을 선택하고, http://localhost라고 입력합니다.

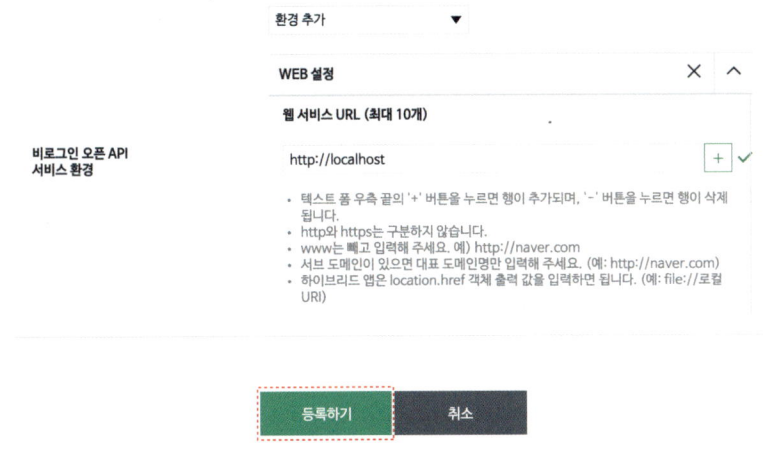

▲ 그림 4-9. 설정을 모두 마치고 등록하기를 선택하는 화면

이제 화면 하단의 그림 4-9의 등록하기 버튼을 누르면 됩니다.

▲ 그림 4-10. 내 애플리케이션 확인 화면

그림 4-10의 화면은 https://developers.naver.com/apps/#/list 주소의 화면으로 그림 4-9까지의 작업을 마치면 나타나는 다음 화면입니다. 현재 네이버 개발자 센터에서 이 화면으로 바로 진입하는 메뉴를 찾기 어려우므로 즐겨찾기에 넣어두면 편합니다. 그림 4-10에서 개요 탭에서 중요한 두 가지 정보가 있습니다.

- Client ID
- Client Secret

입니다. Client Secret은 보기 버튼을 누르면 나타납니다.

▲ 그림 4-11. 내 애플리케이션 정보 확인에서 Client ID/Secret을 확인하는 장면

Client ID/Secret 이 두 정보는 잘 확인하고 있어야 합니다. 이 정보를 가지고 네이버 API를 사용할 수 있습니다.

▲ 그림 4-12. API 사용량 확인 화면

또한, 그림 4-12처럼 하루 사용량도 확인할 수 있습니다.

4.2 네이버 API 간단히 사용해 보기

네이버는 파이썬 코드를 예제로 제공하는데 그 예제를 이용해서 간단하게 결과를 얻어 보겠습니다. 일단, API를 사용하기 위해 접근 url을 알아야 합니다.

각 검색 분야별 사용하는 URL이 그림 4-13에 있습니다.

블로그	https://openapi.naver.com/v1/search/blog.json
뉴스	https://openapi.naver.com/v1/search/news.json
책	https://openapi.naver.com/v1/search/book.json
백과사전	https://openapi.naver.com/v1/search/encyc.json
영화	https://openapi.naver.com/v1/search/movie.json
카페글	https://openapi.naver.com/v1/search/cafearticle.json
지식인	https://openapi.naver.com/v1/search/kin.json
웹문서	https://openapi.naver.com/v1/search/webkr.json
쇼핑	https://openapi.naver.com/v1/search/shop.json

▲ 그림 4-13. 네이버 API 용도별 접근 URL

```
In [1]: import urllib.request
        client_id = "bWp3ZxMXpDaJcmLzcetv"
        client_secret = "YmdlrBL8vD"
```

먼저 코드 1과 같이 그림 4-11에서 얻은 Client ID/secret 정보를 저장해 둡니다. 여기서 사용된

`import urllib.request`

`urllib.request` 모듈은 주어진 url을 이용해 웹에서 데이터를 얻어오는 역할을 하는 모듈입니다.

```
In [2]: encText = urllib.parse.quote("pinkwink")
        url = "https://openapi.naver.com/v1/search/blog.json?query=" + encText
        url
Out[2]: 'https://openapi.naver.com/v1/search/blog.json?query=pinkwink'
```

네이버 API는 코드 2처럼 그림 4-13에서 블로그 검색을 선택한 url에서 뒤에 물음표(?) 후에 query를 붙여서 그 뒤에 나오는 단어를 검색한 결과를 얻게 됩니다. 검색어로는 pinkwink를 사용하겠습니다.

여기서

`urllib.parse.quote("pinkwink")`

라고 사용된 부분은 한글/영어 구분 없이 입력된 단어를 utf-8로 인코딩해서 url에서 사용할 수 있도록 해주는 기능입니다.

```
In [3]: request = urllib.request.Request(url)
        request.add_header("X-Naver-Client-Id", client_id)
        request.add_header("X-Naver-Client-Secret", client_secret)
```

이제 코드 2에서 만들어진 url을 `urllib.request.Request` 명령을 이용해서 응답을 얻어옵니다. 이때, Client ID/secret 정보를 헤더(header)에 포함해서 보내면 인증과정도 지나가게 됩니다.

```
In [4]: response = urllib.request.urlopen(request)
        print(response.getcode())
        200
```

그리고, 받은 응답을 response에 저장했습니다. response에 getcode()를 호출하면 현재 상태를 코드로 알려줍니다. 200은 정상적으로 응답을 했음을 의미합니다. 주요 오류 코드는 네이버의 개발자 가이드(https://developers.naver.com/docs/common/openapiguide/errorcode.md)에 있습니다.

```
In [5]: type(response)
Out[5]: http.client.HTTPResponse

In [6]: print(response.read().decode('utf-8'))
        {
        "lastBuildDate": "Sun, 17 Mar 2019 23:29:16 +0900",
        "total": 664,
        "start": 1,
        "display": 10,
        "items": [
        {
        "title": "<b>PinkWink</b>의 데이터 사이언스 관련 책이 출판됩니다 .... ",
        "link": "https://pinkwink.kr/1070",
        "description": "26 <b>PinkWink</b>의 데이터 사이언스 관련 책이 출판됩니다 . - 파이썬으로 데이터 주무르기 (76) 2017.12.20 수술용 로봇 다빈치의 리서치 킷을 이용한 오픈 소스 플랫폼 개발에 관련된 논문 (6) 2016.05.18 길... ",
        "bloggername": "PinkWink",
        "bloggerlink": "https://pinkwink.kr/",
        "postdate": "20171220"
```

```
    "bloggername": "PinkWink",
    "bloggerlink": "https://pinkwink.kr/",
    "postdate": "20171220"
},
{
    "title": "<b>          전자기기들을  소개합니다  ~~ ^^",
    "link": "https://pinkwink.kr/701",
    "description": "그리고 저 <b>PinkWink</b>도 이제 마흔이 되었답니다 .ㅠㅠ. 에휴.. 마
흔... 뭐 한국 나이는 두 종류이고.. 아직... 저 <b>PinkWink</b>가 2012년 가을에 결혼
을 했었는데요 ..[ 바로가기 ] 늦은 결혼이었지요 ^^ 그때 저는... ",
    "bloggername": "PinkWink",
    "bloggerlink": "https://pinkwink.kr/",
    "postdate": "20150108"

},
{
    "title": "<b>PinkWink</b>가 좋아하는  맥주 -Leffe Brune- 벨기에 흑맥주 ",
    "link": "https://pinkwink.kr/881?category=92396",
    "description": "27 <b>PinkWink</b>가 좋아하는  맥주 -Leffe Brune- 벨기에 흑맥주
(12) 2016.05.23 주방 세제 및 세탁 세제 정리 및 보관함 아이디어 Arrow 애로우 물통 (1
4) 2016.04.25 이케아에서  구입한 것들... (8) 2015.10.19 몰스킨... ",
    "bloggername": "PinkWink",
    "bloggerlink": "https://pinkwink.kr/",
    "postdate": "20160523"

}
]
}
```

response에 read()로 결과를 읽어서, 한글을 해석하기 위해 decode 옵션을 utf-8로 설정하면 pinkwink라는 단어를 네이버 블로그에서 검색한 결과가 나타납니다. 여러분들이 이 책을 가지고 실습할 때는 결과가 다를 겁니다. 현시점에서는 네이버 블로그에서 pinkwink라고 검색을 하면 전체 검색 결과가 662개가 나타납니다. 그리고 코드 5의 결과를 보면 시작이 1이고, 표시(display)가 10이라고 되어 있습니다. 네 맞습니다. 검색 url을 만들 때 이런 부분들이 더 보강될 수 있습니다.

4.3 파이썬의 반복문

대부분의 컴퓨터 언어를 배울 때 보통 교재의 1장~2장쯤에 나오는 것 중 하나가 반복문입니다. 그런데, 여러분은 지금 4장에서야 반복문을 배울 겁니다. 지금까지 반복문 없이 실습을 진행했다는 것이 대단하다고 느끼신다면, 아마 C나 C++과 같은 언어를 먼저 배우신 분들일 겁니다.

```
In [7]:  for n in [1,2,3]:
             print(n)
         1
         2
         3
```

코드 7은 간단한 반복문(for)을 보여주고 있습니다. 파이썬의 반복문은 영어 읽듯이 지나가면 됩니다.

`for n in [1,2,3]`

에서 [1,2,3]에서 하나씩 n이라는 변수에 저장하고

`print(n)`

그 각 n을 print하라는 뜻입니다. 이때 in 뒤에 오는 변수는 반복가능(iterable) 변수여야 하는데 지금은 그런 어려운 용어는 빼고 그냥 리스트(list)형 정도의 변수면 된다고 이해합시다. 한 가지 알아둘 것은 파이썬 문법은 들여쓰기라는 것입니다.

```
In [7]:  for n in [1,2,3]:
             print(n)
```

▲ 그림 4-14. 반복문의 들여쓰기

그림 4-14에 있듯이 파이썬은 들여쓰기를 사용합니다. 반복문이 시작됨을 for문의 끝에서 콜론(:)으로 알려주고, 반복문에서 사용할 코드는 거기서 들여 써서 작성합니다. 들여쓰기가 끝나면 반복문도 마쳤다고 생각합니다. 이 들여쓰기는 조건문, 함수(def) 등에서도 모두 사용됩니다.

```
In [8]: for n in [1,2,3,4,5]:
            print(n**2)
```

```
        4
        9
        16
        25
```

numpy를 이용하면 한 번에 처리되는 구문이지만, 일단 연습을 위해 코드 8과 같이 1부터 5까지를 각각 제곱해서 print 했습니다. 코드 8은 파이썬 사용자들에게는 다음과 같이 많이 변환됩니다.

```
In [9]: [n**2 for n in range(1,6)]
Out[9]: [1, 4, 9, 16, 25]
```

코드 9는 one-line command로 너무 과하면 오히려 가독성을 해치지만 코드 9번 정도라면 오히려 코드를 해독하기 좋습니다. 1부터 6 이전까지(range(1,6))의 숫자를 하나씩 n으로 받아서 제곱하라는 의미입니다.

4.4 함수의 사용

파이썬에서 함수를 선언하는 것은 **def**입니다. 반복문처럼 함수를 사용하는 것도 어렵지 않습니다.

```
In [10]: def get_square(n):
             return n**2

In [11]: [get_square(n) for n in [1,2,3,4]]
Out[11]: [1, 4, 9, 16]
```

코드 10번은 **def**로 **get_square**라는 함수를 선언했고, 이 함수는 입력을 하나 받는데, 함수 내에서는 n이라고 이름 붙여 사용하겠다는 의미입니다. 그리고, 함수는 반환값(return)이 있을 수도 없을 수도 있는데, 코드 10의 **get_square**는 n의 제곱값을 반환합니다.

그리고 코드 11에서 이 함수를 사용해서 간단한 반복문으로 테스트해 보았습니다.

4.5 네이버 책 검색에서 정보 가져오기

이제 이번 장의 목표인 네이버에서 책 정보를 검색해 보도록 하겠습니다. 그림 4–13에서 보듯이 네이버 책 정보는

https://openapi.naver.com/v1/search/book.json

가 접속 url입니다. 그리고 검색어를 지정하는 명령인 query를 사용하면 됩니다.

그런데, 이번에는 이 url을 사용할 때 조금 주의해야 합니다.

요청 변수명	타입	필수 여부	기본값	설명	비고
query	string	-	-	검색을 원하는 문자열로서 UTF-8로 인코딩한다.	상세검색시 생략가능
display	integer	N	10(기본값), 100(최대)	검색 결과 출력 건수 지정	-
start	integer	N	1(기본값), 1000(최대)	검색 시작 위치로 최대 1000까지 가능	-
sort	string	N	sim(기본값), date	정렬 옵션: sim(유사도순), date(출간일순), count(판매량순)	

▲ 그림 4–15. 책 검색에서 필요한 요청 변수들

https://developers.naver.com/docs/search/book/ 주소에서 보면 그림 4–15에 일부 나타나 있는 요청 변수를 활용해야 더 좋은 검색결과를 얻을 수 있습니다. 그래서 url을 만드는 것이 조금 중요합니다. 어떤 의미이냐면 코드 6의 결과를 보면 검색결과가 10개입니다. 이 결과는 display 옵션을 수정해서 얻을 수 있습니다. 조금 더 지나면 100개 다음번을 하고 싶다면, 101부터 시작하도록 start 값을 변경해야 합니다. 그래서 url을 잘 만들어야 할 필요가 생겼습니다.

```
In [12]: def create_url(api_node, search_text, start_num, disp_num):
             base = "https://openapi.naver.com/v1/search"
             node = "/" + api_node + ".json"
             param_query = "?query=" + urllib.parse.quote(search_text)
             param_start = "&start=" + str(start_num)
             param_disp = "&display=" + str(disp_num)

             return base + node + param_query + param_start + param_disp
```

```
In [13]: create_url("book", "TEST", 1, 10)
```
Out[13]: `'https://openapi.naver.com/v1/search/book.json?query=TEST&start=1&display=10'`

코드 12번을 보면 방금 배운 함수(def) 만들기를 이용해서 url을 만드는 함수를 만들었습니다. `create_url`이라고 이름 붙은 함수는 입력으로 카페, 책, 쇼핑 등등의 url 정보를 의미하는 그림 4-13의 값을 `api_node`로 받도록 합니다. 그리고, 검색하고 싶은 단어를 `search_text`, 시작 번호를 `start_num`, 표시되는 숫자를 `disp_num`으로 입력받습니다. 그리고, 그 문장을 하나씩 완성해가는 과정은 문자열(str)로 변환해서 모두 더하면 됩니다.

코드 14를 보면 또 새롭게 등장한 `json`이라는 모듈을 `import`하고 있습니다. 그림 4-13에 의해 만든 url을 이용해서 API를 사용한 응답 결과는 json이라는 데이터 형태로 출력됩니다. json이 어려운 형태는 아니지만, 지금은 그저 코드 14의 결과를 보면서 이런 형태가 json이구나 하고 넘어가겠습니다. 그래도 유심히 중괄호와 대괄호를 구분하면서 읽어보면 그리 어려운 구조는 아닙니다.

그리고, 파이썬이라는 검색어로 검색결과 1부터 3개까지만 표시하라고 url을 만들었습니다. 그것을 4-2절에서 했듯이 한 번에 수행해서 결과를 얻었습니다.

```
In [14]: import json

         client_id = "bWp3ZxMXpDaJcmLzcetv"
         client_secret = "YmdlrBL8vD"

         url = create_url("book", "파이썬", 1, 3)

         request = urllib.request.Request(url)
         request.add_header("X-Naver-Client-Id", client_id)
         request.add_header("X-Naver-Client-Secret", client_secret)

         response = urllib.request.urlopen(request)

         result = json.loads(response.read().decode('utf-8'))
         result
```

```
Out[14]:  {'lastBuildDate': 'Sun, 17 Mar 2019 23:29:16 +0900',
          'total': 781,
          'start': 1,
          'display': 3,
          'items': [{'title': '모두의 <b>파이썬</b> (20일 만에 배우는 프로그래밍 기초)',
            'link': 'http://book.naver.com/bookdb/book_detail.php?bid=14126163',
            'image': 'https://bookthumb-phinf.pstatic.net/cover/141/261/14126163.jpg?type=m1&udate=20181105',
            'author': '이승찬',
            'price': '12000',
            'discount': '10800',
            'publisher': '길벗',
            'pubdate': '20181009',
            'isbn': '1160505853 9791160505856',
            'description': '<b>파이썬</b> 분야 & 어린이 코딩 교육 분야\n2년 연속 베스트셀러! 개정판 출간!\n\n즐겁게 시작하는 나의 첫 프로그래밍!\n프로그래밍을 한 번도 해본 적이 없어도 괜찮다. <b>파이썬</b>이 무엇인지 몰라도 상관 없다.... 어느새 <b>파이썬</b> 프로그램으로 멋진 그림을 그리고, 계산을 하고, 간단한 게임을 만들고, 수학 문제를... '},
           {'title': '<b>파이썬</b>으로 데이터 주무르기 (독특한 예제를 통해 배우는 데이터 분석 입문)',
            'link': 'http://book.naver.com/bookdb/book_detail.php?bid=12898027',
            'image': 'https://bookthumb-phinf.pstatic.net/cover/128/980/12898027.jpg?type=m1&udate=20190216',
            'author': '민형기',
            'price': '27500',
            'discount': '24750',
            'publisher': '비제이퍼블릭 ',
            'pubdate': '20171229',
            'isbn': '1186697474 9791186697474',
            'description': '있을 <b>파이썬</b> 기초 문법책과 같은 내용이 아닌, 데이터 분석이라는 특별한 분야에서 초보를 위해 처음부터 끝까지 <b>파이썬</b>으로 진행되는 과정을 다룹니다. 서울시 범죄 현황 분석, 셀프 주유소 가격 정보 분석, 19대 대선 결과 분석 등 흥미 있는 목표를 이루기 위해서 <b>파이썬</b>의 기초를 익히고, 데이터를 다루고... '},
           {'title': '<b>파이썬</b> 웹 프로그래밍 (Django장고로 배우는 쉽고 빠른 웹 개발)',
            'link': 'http://book.naver.com/bookdb/book_detail.php?bid=13878877',
            'image': 'https://bookthumb-phinf.pstatic.net/cover/138/788/13878877.jpg?type=m1&udate=20190204',
            'author': '김석훈',
            'price': '22000',
            'discount': '19800',
            'publisher': '한빛미디어 ',
            'pubdate': '20180817',
            'isbn': '1162241047 9791162241042',
            'description': 'Django 웹 프로그래밍 대표 도서, 『<b>파이썬</b> 웹 프로그래밍』의 최신 개정판! 2015년 첫 출간 즉시, 장고 웹 프로그래밍 대표 도서로 자리매김한 『<b>파이썬</b> 웹 프로그래밍』, 기존 도서의 장점은 살리고, <b>파이썬</b> 3.x 버전과 장고 2.x 버전 및 독자의 피드백을 반영하여 업그레이드된 개정판으로 돌아왔다. 이... '}]}
```

실제 display된 결과를 얻고 싶을 때는 코드 14에서 결과를 저장한 `result`라는 변수에 `display`라는 항목을 조회하면 됩니다. 방법은 코드 15입니다.

```
In [15]: result['display']
Out[15]: 3
```

실제 검색결과는 `items`라는 항목에 저장되어 있습니다.

```
In [16]: result['items']
Out[16]: [{'title': '모두의  <b>파이썬</b> (20일 만에 배우는 프로그래밍 기초)',
  'link': 'http://book.naver.com/bookdb/book_detail.php?bid=14126163',
  'image': 'https://bookthumb-phinf.pstatic.net/cover/141/261/14126163.jpg?type=m1&udate=20181105',
  'author': '이승찬 ',
  'price': '12000',
  'discount': '10800',
  'publisher': '길벗 ',
  'pubdate': '20181009',
  'isbn': '1160505853 9791160505856',
  'description': '<b>파이썬</b> 분야 & 어린이 코딩 교육 분야\n2년 연속 베스트셀러 ! 개정판 출간 !\n즐겁게 시작하는 나의 첫 프로그래밍 !\n프로그래밍을 한 번도 해본 적이 없어도 괜찮다 . <b>파이썬</b>이 무엇인지 몰라도 상관 없다 .... 어느새 <b>파이썬</b> 프로그램으로 멋진 그림을 그리고, 계산을 하고, 간단한 게임을 만들고, 수학 문제를 ... '},
 {'title': '<b>파이썬</b>으로 데이터 주무르기 (독특한 예제를 통해 배우는 데이터 분석 입문)',
  'link': 'http://book.naver.com/bookdb/book_detail.php?bid=12898027',
  'image': 'https://bookthumb-phinf.pstatic.net/cover/128/980/12898027.jpg?type=m1&udate=20190216',
  'author': '민형기 ',
  'price': '27500',
  'discount': '24750',
  'publisher': '비제이퍼블릭 ',
  'pubdate': '20171229',
  'isbn': '1186697474 9791186697474',
  'description': '있을 <b>파이썬</b> 기초 문법책과 같은 내용이 아닌, 데이터 분석이라는 특별한 분야에서 초보를 위해 처음부터 끝까지 <b>파이썬</b>으로 진행되는 과정을 다룹니다. 서울시 범죄 현황 분석, 셀프 주유소 가격 정보 분석, 19대 대선 결과 분석 등 흥미 있는 목표를 이루기 위해서 <b>파이썬</b>의 기초를 익히고, 데이터를 다루고 ... '},
 {'title': '<b>파이썬</b> 웹 프로그래밍 (Django장고로 배우는 쉽고 빠른 웹 개발)',
  'link': 'http://book.naver.com/bookdb/book_detail.php?bid=13878877',
  'image': 'https://bookthumb-phinf.pstatic.net/cover/138/788/13878877.jpg?type=m1&udate=20190204',
  'author': '김석훈 ',
  'price': '22000',
  'discount': '19800',
  'publisher': '한빛미디어 ',
  'pubdate': '20180817',
  'isbn': '1162241047 9791162241042',
```

```
            'description': 'Django 웹 프로그래밍 대표 도서, 『<b>파이썬</b> 웹 프로그래밍』의
        최신 개정판! 2015년 첫 출간 즉시, 장고 웹 프로그래밍 대표 도서로 자리매김한 『<b>파이
        썬</b> 웹 프로그래밍』, 기존 도서의 장점은 살리고, <b>파이썬</b> 3.x 버전과 장고 2.x
        버전 및 독자의 피드백을 반영하여 업그레이드된 개정판으로 돌아왔다. 이...'}]

        검색 결과가 꽤 많은 정보를 얻을 수 있다는 것을 알 수 있습니다. 책 제목은 당연하고, 작가, 가격, 할인
        금액, 출판사, 출판일, ISB정보, 심지어 간편 설명까지 있습니다. 이 책으로 학습하신 후 이런 정보들
        을 어떻게 잘 활용할지를 고민하는 것도 좋을 것 같습니다. 그리고 item의 항목 갯수를 확인해 보면
        display와 같다는 것을 알 수 있습니다.
```

검색결과 꽤 많은 정보를 얻을 수 있다는 것을 알 수 있습니다. 책 제목은 당연하고, 작가, 가격, 할인 금액, 출판사, 출판일, ISBN 정보, 심지어 간편 설명까지 있습니다. 이 책으로 학습하신 후 이런 정보들을 어떻게 잘 활용할지를 고민하는 것도 좋을 것 같습니다. 그리고 `items`의 항목 개수를 확인해 보면 `display`와 같다는 것을 알 수 있습니다.

```
In [17]: len(result['items'])
Out[17]: 3
```

검색결과인 `items`에서 제목(title) 정보만 얻고 싶다면, 코드 18처럼 얻으면 됩니다.

```
In [18]: titles = [result['items'][n]['title'] for n in range(3)]
         titles
Out[18]: ['모두의 <b>파이썬</b> (20일 만에 배우는 프로그래밍 기초)',
          '<b>파이썬</b>으로 데이터 주무르기 (독특한 예제를 통해 배우는 데이터 분석 입문)',
          '<b>파이썬</b> 웹 프로그래밍 (Django장고로 배우는 쉽고 빠른 웹 개발)']
```

이번에는 코드 19처럼 작가 정보와 코드 20처럼 출판일을 얻어오는 코드를 만들어 보았습니다.

```
In [19]: authors = [result['items'][n]['author'] for n in range(3)]
         authors
Out[19]: ['이승찬', '민형기', '김석훈']

In [20]: pubdates = [result['items'][n]['pubdate'] for n in range(3)]
         pubdates
Out[20]: ['20181009', '20171229', '20180817']

In [21]: import pandas as pd
         pd.DataFrame({'책제목':titles, '작가':authors, '출판일':pubdates})
```

Out[21]:

	책제목	작가	출판일
0	모두의 파이썬 (20일 만에 배우는 프로그래밍 기초)	이승찬	20181009
1	파이썬으로 데이터 주무르기 (독특한 예제를 통해 배우는 데이터 분석 입문)	민형기	20171229
2	파이썬 웹 프로그래밍 (Django장고로 배우는 쉽고 빠른 웹 개발)	김석훈	20180817

이제 코드 21처럼 데이터 관리에 괜찮은 pandas를 이용해서 손쉽게 DataFrame으로 만들 수 있습니다.

In [22]:
```python
def get_dataframe(url):
    client_id = "bWp3ZxMXpDaJcmLzcetv"
    client_secret = "YmdlrBL8vD"
    
    request = urllib.request.Request(url)
    request.add_header("X-Naver-Client-Id", client_id)
    request.add_header("X-Naver-Client-Secret", client_secret)
    
    response = urllib.request.urlopen(request)
    
    result = json.loads(response.read().decode('utf-8'))
    
    end_num = result['display']
    
    titles = [result['items'][n]['title'] for n in range(end_num)]
    authors = [result['items'][n]['author'] for n in range(end_num)]
    pubdates = [result['items'][n]['pubdate'] for n in range(end_num)]
    
    return pd.DataFrame({'책제목':titles, '작가':authors, '출판일':pubdates})
```

이제 이 과정을 모두 함수(def)로 코드 22에 만들어 두었습니다. 5번 행에서 만들어 둔 url을 입력합니다. 코드 18, 19, 20처럼 책 제목, 저자, 출판일 정보를 얻기 위해 어디까지 반복문을 적용해야 할지 알아야 하므로, 13번 행에서 **end_num**을 저장합니다. 그리고 15, 16, 17번 행에서 구현해 두었습니다. **return**으로 **pandas.DataFrame**을 반환하도록 합니다. 코드 23에서 코드 14에서 만들어 둔 url을 이용해서 코드 22의 **get_dataframe**을 테스트해 보았습니다.

In [23]: `get_dataframe(url)`

Out[23]:

	책제목	작가	출판일
0	모두의 파이썬 (20일 만에 배우는 프로그래밍 기초)	이승찬	20181009
1	파이썬으로 데이터 주무르기 (독특한 예제를 통해 배우는 데이터 분석 입문)	민형기	20171229
2	파이썬 웹 프로그래밍 (Django장고로 배우는 쉽고 빠른 웹 개발)	김석훈	20180817

의도한 그대로 잘 된 것 같습니다. 그런데, 한 가지 문제가 보입니다. 책 제목에서 html 태그 중 볼드체를 의미하는 b 태그가 보입니다. 아마 검색결과를 강조하기 위한 것 같습니다. 우리는 이 부분이 필요가 없으니까 제거할 필요가 있습니다.

```python
In [24]: def delete_tag(input_str):
             input_str = input_str.replace("<b>", "")
             input_str = input_str.replace("</b>", "")
             return input_str
```

코드 24에서 `delete_tag`라는 함수를 만들었습니다. 파이썬의 문자열은 `replace`라는 속성을 제공합니다. 이것을 이용해서 태그를 없앴습니다.

```python
In [25]: def get_dataframe(url):
             client_id = "bWp3ZxMXpDaJcmLzcetv"
             client_secret = "YmdlrBL8vD"

             request = urllib.request.Request(url)
             request.add_header("X-Naver-Client-Id", client_id)
             request.add_header("X-Naver-Client-Secret", client_secret)

             response = urllib.request.urlopen(request)

             result = json.loads(response.read().decode('utf-8'))

             end_num = result['display']

             titles = [delete_tag(result['items'][n]['title']) for n in range(end_num)]
             authors = [result['items'][n]['author'] for n in range(end_num)]
             pubdates = [result['items'][n]['pubdate'] for n in range(end_num)]

             return pd.DataFrame({'책제목':titles, '작가':authors, '출판일':pubdates})
```

코드 22를 다시 코드 25로 변경했습니다. 코드 24를 titles를 구하는 곳에 반영했기 때문입니다.

```
In [26]: get_dataframe(url)
```

Out[26]:

	책제목	작가	출판일
0	모두의 파이썬 (20일 만에 배우는 프로그래밍 기초)	이승찬	20181009
1	파이썬으로 데이터 주무르기 (독특한 예제를 통해 배우는 데이터 분석 입문)	민형기	20171229
2	파이썬 웹 프로그래밍 (Django장고로 배우는 쉽고 빠른 웹 개발)	김석훈	20180817

다시 테스트해 보니 코드 23의 결과와 달리 b 태크가 잘 제거되었습니다.

```
In [27]:  [n for n in range(1,300,100)]
Out[27]:  [1, 101, 201]
```

이제 range 함수를 사용해서 한 300개의 결과를 얻어 보겠습니다. range함수는

range(시작, 끝, 간격)

으로 입력하면 됩니다. display의 최댓값은 그림 4-15에 있듯이 100개여서 1, 101, 201을 시작점으로 100개씩 반환해 달라고 url을 만들면 됩니다.

```
In [28]:  result_search = []
          for n in range(1,300,100):
              url = create_url("book", "파이썬", n, 100)
              result_search.append(get_dataframe(url))
          result_search = pd.concat(result_search)
```

이미 만들어 둔 코드 12의 `create_url`과 코드 25의 `get_dataframe`을 이용해서 반복문을 만들면 됩니다. 여기서 하나 새롭게 등장한 방법이 하나 있습니다. 반복문이 한 번 실행될 때마다 코드 26의 결과처럼 pandas의 DataFrame이 만들어집니다. 이 결과를 계속 저장할 수는 없습니다. 그래서 `result_search`라는 빈 리스트(list)를 만들고, 거기에 append로 추가합니다. 그리고, 마지막에 `concat` 명령을 사용해서 하나의 pandas.DataFrame으로 만들어 둘 수 있습니다.

```
In [29]:  result_search.head()
Out[29]:
```

	책제목	작가	출판일
0	모두의 파이썬 (20일 만에 배우는 프로그래밍 기초)	이승찬	20181009
1	파이썬으로 데이터 주무르기 (독특한 예제를 통해 배우는 데이터 분석 입문)	민형기	20171229
2	파이썬 웹 프로그래밍 (Django장고로 배우는 쉽고 빠른 웹 개발)	김석훈	20180817
3	파이썬 코딩 도장	남재윤	20181130
4	파이썬 프로그래밍 (데이터 과학을 위한)	최성철	20190101

이렇게 잘 받아왔습니다.

```
In [30]:  result_search.info()
```
<class 'pandas.core.frame.DataFrame'>
Int64Index: 300 entries, 0 to 99
Data columns (total 3 columns):
책제목   300 non-null object
작가   300 non-null object
출판일   300 non-null object
dtypes: object(3)
memory usage: 9.4+ KB

`info()` 속성으로 관찰해보니 300개의 정보가 잘 왔습니다. 그런데 index가 0부터 99까지입니다. 한 반복문마다 index가 매겨져서 0부터 99까지가 아마 3번 있을 겁니다.

```
In [31]:  result_search = result_search.reset_index(drop=True)
          result_search.info()
```
<class 'pandas.core.frame.DataFrame'>
RangeIndex: 300 entries, 0 to 299
Data columns (total 3 columns):
책제목   300 non-null object
작가   300 non-null object
출판일   300 non-null object
dtypes: object(3)

이를 `reseta_index`를 통해 재정렬했습니다.

4.6 엑셀에 저장하기

Pandas의 데이터를 `xlsxwriter`라는 모듈의 도움을 받아 엑셀 파일로 저장할 수 있습니다. 먼저 `xlsxwriter` 모듈을 설치해야 합니다.

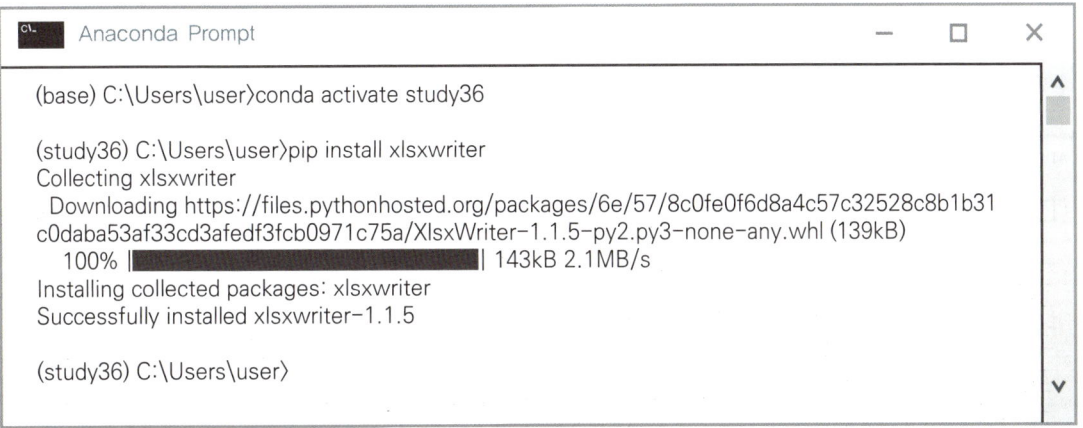

▲ 그림 4-16. xlsxwriter를 설치하는 화면

`pip install xlsxwriter`

쉽게 설치할 수 있습니다.

```
In [32]: writer = pd.ExcelWriter("./data/Python_book_info.xlsx", engine='xlsxwriter')
         result_search.to_excel(writer, sheet_name='Sheet1')

         workbook  = writer.book
         worksheet = writer.sheets['Sheet1']

         format_center = workbook.add_format({'text_wrap': True})
         format_center.set_align('center')
         format_center.set_align('vcenter')

         worksheet.set_column('A:A', 5)
         worksheet.set_column('B:B', 90, format_center)
         worksheet.set_column('C:C', 40, format_center)
         worksheet.set_column('D:D', 15)

         writer.save()
```

먼저 코드 32를 간략히 보도록 하겠습니다.

1번 행에서 `pandas`의 `ExcelWriter`를 이용해서 저장할 경로를 지정해 주고, 엑셀 파일로 저장하는 엔진으로 그림 4-16에서 설치한 `xlsxwriter`를 설정합니다. 엑셀에서 볼 때 많은 설정 중에 몇 가지만 적용해 보도록 하겠습니다.

7번 행은 엑셀에서 자동 줄바꿈 설정을 `format_center`라는 변수에 선언해 둡니다. 또 8, 9번 행에서 추가로 가로 방향, 세로 방향 가운데 보기도 설정했습니다.

11번부터 14번까지, 칸의 넓이를 설정하고, B와 C 칼럼은 방금 속성을 저장한 `format_center` 변수의 내용을 적용하도록 했습니다.

▲ 그림 4-17. 엑셀로 저장된 화면

그 결과가 그림 4-17과 같이 나타납니다. 엑셀로 저장된 화면입니다. 꽤 많은 기능을 제공하고 있는데, 이 책에서 일일이 소개하는 것은 무리입니다.

https://xlsxwriter.readthedocs.io/index.html 사이트에서 더 많은 강력한 기능을 소개를 받을 수 있습니다.

Chapter 05

얼굴인식 등의 이미지 관련 API 사용

4장에서 네이버 API의 사용법을 학습했습니다.
네이버나 이번 장에서 배울 카카오는 이미지 인식과 관련하여 몇 가지 재미있는 기능들을 제공합니다.
지금까지 배운 파이썬의 문법과 모듈 사용방법을 더 익힐 수 있는 재미있는 내용으로 실습하는 과정입니다.

5.1 네이버 얼굴인식 기능

그림 5-1의 남자 배우 사진을 이용해보도록 하겠습니다.

◀ 그림 5-1. 남자 영화배우 사진

출처: https://pxhere.com/ko/photo/950788

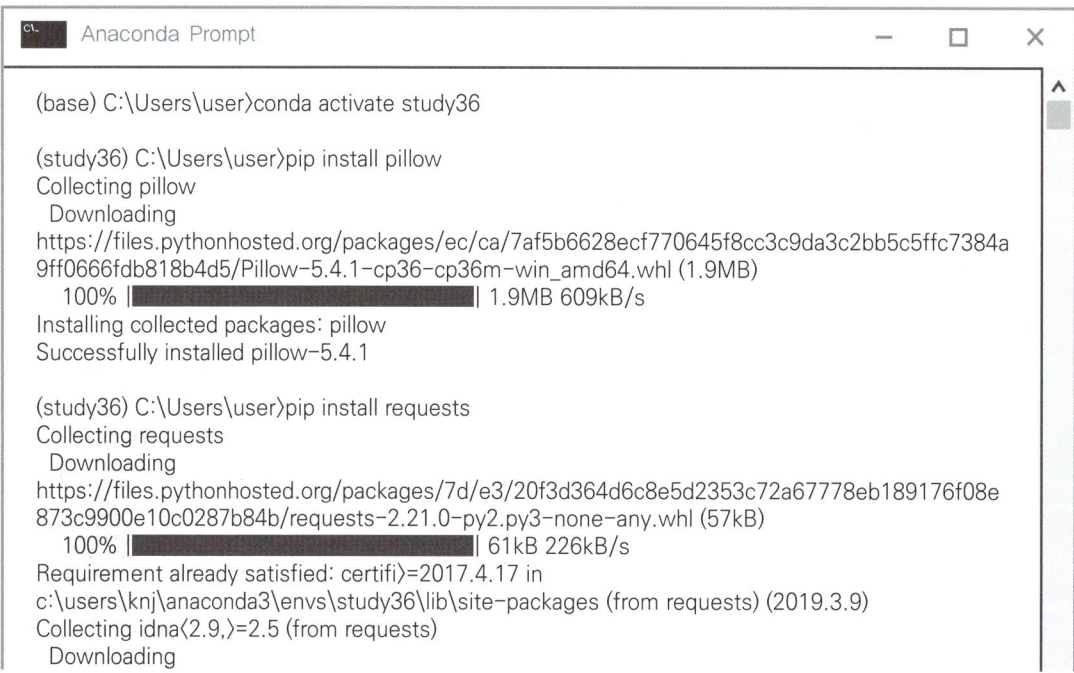

```
https://files.pythonhosted.org/packages/7d/e3/20f3d364d6c8e5d2353c72a67778eb189176f08e
873c9900e10c0287b84b/requests-2.21.0-py2.py3-none-any.whl (57kB)
    100% |████████████████████████████████| 61kB 226kB/s
Requirement already satisfied: certifi>=2017.4.17 in
c:\users\knj\anaconda3\envs\study36\lib\site-packages (from requests) (2019.3.9)
Collecting idna<2.9,>=2.5 (from requests)
  Downloading
https://files.pythonhosted.org/packages/14/2c/cd551d81dbe15200be1cf41cd03869a46fe7226e7
450af7a6545bfc474c9/idna-2.8-py2.py3-none-any.whl (58kB)
    100% |████████████████████████████████| 61kB 374kB/s
Collecting urllib3<1.25,>=1.21.1 (from requests)
  Downloading
https://files.pythonhosted.org/packages/62/00/ee1d7de624db8ba7090d1226aebefab96a2c71cd
5cfa7629d6ad3f61b79e/urllib3-1.24.1-py2.py3-none-any.whl (118kB)
    100% |████████████████████████████████| 122kB 358kB/s
Collecting chardet<3.1.0,>=3.0.2 (from requests)
  Downloading
https://files.pythonhosted.org/packages/bc/a9/01ffebfb562e4274b6487b4bb1ddec7ca55ec7510
b22e4c51f14098443b8/chardet-3.0.4-py2.py3-none-any.whl (133kB)
    100% |                                | 143kB 243kB/s
Installing collected packages: idna, urllib3, chardet, requests
```

▲ 그림 5-2. pillow와 requests 모듈 설치하는 화면

이번에 설치해야 할 모듈은 `pillow`와 `requests`입니다. `pillow`는 파이썬에서 이미지를 핸들링하는 모듈이고, `requests`는 http 관련 요청을 처리하는 모듈입니다.

`pip install pillow`

`pip install requests`

설치는 쉬우나, 그림 5-2처럼 우리가 학습하고 있는 study36 환경을 활성화해서 그 안에서 설치해야 합니다.

```
In [1]:  import matplotlib.pyplot as plt
         import matplotlib.image as mpimg
         %matplotlib inline
```

이번에 추가하는 `import`는 `matplotlib`의 `image`입니다. jpg 등의 이미지 파일을 다룰 수 있는 모듈입니다. 이를 이용해서 그림 5-1의 파일을 face_detection_test_01.jpg라는 이름으로 data 폴더에 저장하고 읽어보겠습니다. 여러분들은 이 사진을 https://pxhere.com/ko/photo/950788 또는, 이 책의 github 페이지인 https://github.com/PinkWink/playing_data에서 얻을 수 있습니다.

```
In [2]:  img = mpimg.imread('./data/face_detection_test_01.jpg')

         plt.figure(figsize=(10,8))
         plt.imshow(img)
         plt.show()
```

`imread` 명령으로 사진을 읽어서 `imshow` 명령을 통해 코드 2처럼 열어볼 수 있습니다. 이 사진에 4장에서 다룬 네이버 얼굴인식 기능을 사용해 보겠습니다. 4장의 그림 4-6에서 설정한 대로 Clova Face Recognition이 설정되어 있어야 합니다.

```
In [3]:  import requests

         client_id = "bWp3ZxMXpDaJcmLzcetv"
         client_secret = "YmdlrBL8vD"

         url = "https://openapi.naver.com/v1/vision/celebrity"
         files = {'image': open('./data/face_detection_test_01.jpg', 'rb')}
         headers = {'X-Naver-Client-Id': client_id, 'X-Naver-Client-Secret': client
         _secret }

         response = requests.post(url,  files=files, headers=headers)
```

4장에서 진행한 대로, client ID/secret을 설정하고, url이 닮은 유명인 찾는 url을 사용합니다. 해당 url과 사용법은 https://developers.naver.com/docs/clova/api/CFR/API_Guide.md에 있습니다.

4장의 내용과 다른 점은 인식해야 할 사진을 보내야(post) 한다는 것입니다. 그 방법은 requests의 post 기능을 이용해 사진을 보내는 것입니다. 네이버에서는 사진 한 장이 최대 2MB보다 작아야 합니다.

```
In [4]:  import json
         parsed = json.loads(response.text)
         print(json.dumps(parsed, indent=4, sort_keys=False, ensure_ascii=False))
```

```
{
  "info": {
    "size": {
      "width": 1082,
      "height": 1380
    },
    "faceCount": 1
  },
  "faces": [
    {
      "celebrity": {
        "value": "                이병헌 ",
```

```
                "confidence": 0.189422
            }
        }
    ]
}
```

변수 response에 저장된 코드 3의 결과를 json으로 읽고(loads) 들여쓰기(indent)를 설정해서 **dumps**라는 명령을 사용하면 코드 4의 결과처럼 보기 좋게 변환해 줍니다. 여기서 `ensure_ascii=False`를 사용하면 utf-8로 인코딩된 한글을 제대로 표시해 줍니다.

그림 5-1의 사진을 네이버 유명인 인식 API에 적용한 결과는 이병헌이라는 배우와 17.4%를 닮았다는 것입니다. 네이버 얼굴인식에서 유명인 인식 API는 한국 유명인을 찾습니다. 그래서 이렇게 결과가 나타나는 겁니다. 또 찾은 얼굴이 하나인 것도 facecount에서 나타납니다.

```
In [5]: url = "https://openapi.naver.com/v1/vision/face"
        files = {'image': open('./data/face_detection_test_01.jpg', 'rb')}
        headers = {'X-Naver-Client-Id': client_id, 'X-Naver-Client-Secret': client
        _secret }

        response = requests.post(url, files=files, headers=headers)

        parsed = json.loads(response.text)
        print(json.dumps(parsed, indent=4, sort_keys=False, ensure_ascii=False))
```

```
{
  "info": {
    "size": {
      "width": 1082,
      "height": 1380
    },
    "faceCount": 1
  },
  "faces": [
    {
      "roi": {
        "x": 328,
        "y": 450,
        "width": 458,
        "height": 458
      },
      "landmark": {
        "leftEye": {
          "x": 449,
          "y": 532
        },
        "rightEye": {
          "x": 666,
          "y": 568
        },
```

```
          "nose": {
            "x": 539,
            "y": 694
          },
          "leftMouth": {
            "x": 448,
            "y": 782
          },
          "rightMouth": {
            "x": 636,
            "y": 799
          }
        },
        "gender": {
          "value": "male",
          "confidence": 0.999998
        },
        "age": {
          "value": "26~30",
          "confidence": 0.17594
        },
        "emotion": {
          "value": "neutral",
          "confidence": 0.999995
        },
        "pose": {
          "value": "frontal_face",
          "confidence": 0.997619
        }
      }
    ]
  }
```

이번에는 그냥 얼굴인식 api를 사용해 봅시다. url만 바뀌는 것을 제외하면 나머지는 동일합니다. 정말 상세한 정보가 나타나는 것을 알 수 있습니다. 전체 사진의 크기와 발견된 얼굴의 개수, 그리고, 얼굴의 위치(roi: region of interest)와 눈, 코, 입의 위치, 성별(gender), 나이(age), 감정(emotion), 각도(pose)까지 나타납니다. 그림 5-1의 사진은 99.9%로 남성, 17.6%의 확률로 나이가 26~30세라는 것까지 나타납니다.

5.2 파이썬 dict형 데이터와 json

파이썬 데이터형 중에 리스트(list)에 관해서는 앞에서 배웠습니다. 이번에는 dict형에 관해 간단히 배우고, 이어서 json에 관한 학습을 하겠습니다.

```
dict_sample = {'Name':'pinkwink', 'Age':'None', 'Class':['beginner', 'blog']}
dict_sample
```
Out[6]: {'Name': 'pinkwink', 'Age': 'None', 'Class': ['beginner', 'blog']}

파이썬에서 dict형 자료라고 선언할 때는 중괄호와 콜론(:)을 이용해서 key와 value의 관계를 정의해 줍니다. 코드 6의 dict형은 아주 직관적입니다. 이름(name)은 pinkwink이고, 나이(age)는 none이라고 정의했습니다. 왼쪽이 key이고, 오른쪽이 value입니다. value는 리스트형이 올 수도 있습니다.

```
In [7]: dict_sample.keys()
```
Out[7]: dict_keys(['Name', 'Age', 'Class'])

dict 자료에서 key만 얻고 싶으면 `keys()`를 사용하면 됩니다.

```
In [8]: dict_sample.values()
```
Out[8]: dict_values(['pinkwink', 'None', ['beginner', 'blog']])

`values()`를 이용하면 values만 확인할 수 있습니다.

```
In [9]: dict_sample['Class']
```
Out[9]: ['beginner', 'blog']

key를 이용해서 value를 부르는 방법은 코드 9와 같이 손쉽게 구현할 수 있습니다.

```
In [10]: dict_sample.get('Name')
```
Out[10]: 'pinkwink'

`get()` 함수를 사용해서 얻을 수도 있습니다. `get()` 함수에는 유용한 기능이 하나 더 있습니다.

```
In [11]: dict_sample.get('Age', 'nothing')
Out[11]: 'None'

In [12]: dict_sample.get('room', 'nothing')
Out[12]: 'nothing'
```

코드 11에서는 **Age**라는 key가 있으니, 그 값을 반환합니다. 그런데 코드 12처럼 없는 key를 물어보면, 이미 지정된 다른 값을 반환하도록 할 수 있습니다.

이제 dict형에 관한 설명을 마치고 json에 관해 설명하겠습니다. JSON은 Java Script Object Notation의 약자로 웹서버와 클라이언트 간의 데이터 교환에 많이 사용하는 것으로 알려져 있습니다. Json의 구조는 파이썬 dict형과 닮은 구조입니다.

```
In [13]: customer = {
    'id': '0001',
    'name': '홍길동',
    'history': [
        {'date': '2019-03-01', 'log': True},
        {'date': '2019-03-02', 'log': False},
    ]
}
```

파이썬 dict형으로 customer라는 변수를 만들고 그 내용을 코드 13과 같이 만들었습니다.

```
In [14]: import json
json_test = json.dumps(customer, indent=4, ensure_ascii=False)
print(json_test)
{
    "id": "0001",
    "name": "         홍길동 ",
    "history": [
        {
            "date": "2019-03-01",
            "log": true
        },
        {
            "date": "2019-03-02",
            "log": false
        }
    ]
}
```

파이썬 dict형 데이터에 `json.dumps`를 사용하면 json 데이터가 됩니다.

5.3 인식된 얼굴 사진에 정보 표시하기

코드 5에서 그림 5-1의 사진에 대해 성별과 나이, 감정 등의 정보를 표시해 보려고 합니다.

```
In [15]: url = "https://openapi.naver.com/v1/vision/face"
         files = {'image': open('./data/face_detection_test_01.jpg', 'rb')}
         headers = {'X-Naver-Client-Id': client_id, 'X-Naver-Client-Secret': client
                    'X-Naver-Client-Secret': client_secret }

         response = requests.post(url, files=files, headers=headers)

         detect_result = json.loads(response.text)
```

코드 15는 코드 5를 그대로 가져왔습니다. 다만 마지막 결과를 저장하는 변수는 `detect_result`라고 했습니다.

```
In [16]: detect_result.keys()
         dict_keys(['info', 'faces'])
```

`detect_result`는 dict 형태로 `keys()`를 보면 info, faces입니다.

```
In [17]: detect_result['faces']
Out[17]: [{'roi': {'x': 328, 'y': 450, 'width': 458, 'height': 458},
          'landmark': {'leftEye': {'x': 449, 'y': 532},
           'rightEye': {'x': 666, 'y': 568},
           'nose': {'x': 539, 'y': 694},
           'leftMouth': {'x': 448, 'y': 782},
           'rightMouth': {'x': 636, 'y': 799}},
          'gender': {'value': 'male', 'confidence': 0.999998},
          'age': {'value': '26~30', 'confidence': 0.17594},
          'emotion': {'value': 'neutral', 'confidence': 0.999995},
          'pose': {'value': 'frontal_face', 'confidence': 0.997619}}]
```

검출된 얼굴이 하나여서 코드 17의 faces 항목은 리스트형이지만, 그 내용은 하나입니다. 여러 얼굴을 검출하는 것은 다음 절에서 해보겠습니다.

```
In [18]: detect_result['faces'][0]
Out[18]: {'roi': {'x': 328, 'y': 450, 'width': 458, 'height': 458},
          'landmark': {'leftEye': {'x': 449, 'y': 532},
           'rightEye': {'x': 666, 'y': 568},
           'nose': {'x': 539, 'y': 694},
           'leftMouth': {'x': 448, 'y': 782},
           'rightMouth': {'x': 636, 'y': 799}},
          'gender': {'value': 'male', 'confidence': 0.999998},
          'age': {'value': '26~30', 'confidence': 0.17594},
          'emotion': {'value': 'neutral', 'confidence': 0.999995},
          'pose': {'value': 'frontal_face', 'confidence': 0.997619}}
```

코드 17의 결과는 데이터형으로는 (비록 크기가 1이지만) 리스트형이어서 0번째라고 한 단계 더 진입해야 합니다.

```
In [19]: detect_result['faces'][0]['roi']
Out[19]: {'x': 328, 'y': 450, 'width': 458, 'height': 458}
```

거기서 roi 항목을 보면 검출된 얼굴이 존재하는 x, y 좌표와 너비와 높이 정보가 나타납니다. 나중에 얼굴이 보이는 곳에 박스를 그릴 때 사용하려고 합니다.

```
In [20]: detect_result['faces'][0]['gender']
Out[20]: {'value': 'male', 'confidence': 0.999998}
```

그리고 성별을 얻을 수 있습니다. value는 남(male)/여(female)에 대한 정보이고, confidence는 확률입니다.

```
In [21]: detect_result['faces'][0]['age']
         {'value': '26~30', 'confidence': 0.17594}
```

나이에 대한 정보도 얻을 수 있습니다.

```
In [22]: detect_result['faces'][0]['emotion']
Out[22]: {'value': 'neutral', 'confidence': 0.999995}
```

감정에 대한 정보도 얻을 수 있습니다.

```
In [23]: x, y, w, h = detect_result['faces'][0]['roi'].values()
         gender, gen_confidence = detect_result['faces'][0]['gender'].values()
         emotion, emotion_confidence = detect_result['faces'][0]['emotion'].values(
         )
         age, age_confidence = detect_result['faces'][0]['age'].values()
```

코드 20부터 22까지를 코드 23에서 변수로 받는 것까지 한 번에 정리했습니다. **values()**를 이용해서 값만 받고, 그 값을 개수에 맞춰 각 변수에 저장했습니다. 여기서 **keys()**와 **values()**의 값 순서를 확인해야 합니다. 예를 들어, 코드 19의 결과가 x, y, width, height가 아니라, width, height, x, y의 순서로 나온다면, 코드 23의 첫 행의 x, y, w, h는 w, h, x, y로 변경해야 합니다.

```
In [24]: annotation = gender + ' : ' + str(gen_confidence) + \
                      '\n' + emotion + ' : ' + str(emotion_confidence) + \
                      '\n' + age + ' : ' + str(age_confidence)

         print(annotation)
```
male : 0.999998
neutral : 0.999995
26~30 : 0.17594

그리고 코드 23의 정보를 사진에 표시하기 위해 **annotation** 변수에 저장합니다. 여기서 '\n' 기호는 코드를 작성할 때의 줄을 바꾸기 위한 기호로, 여러분들은

`annotation = gender + ' : ' + str(gen_confidence) + '\n' + emotion + ' : ' + str(emotion_confidence) + '\n' + age + ' : ' + str(age_confidence)`

라고 한 줄로 입력해도 됩니다. 코드 24에 있는 '\n'도 줄바꿈 문자입니다.

코드 25에서 **import**한 **matplotlib.patches**는 jpg 등의 형식으로 된 사진에 추가로 박스나 원 등의 도형을 그릴 수 있게 도와주는 모듈입니다.

```
In [25]: import matplotlib.patches as patches

         img = mpimg.imread('./data/face_detection_test_01.jpg')

         fig, ax = plt.subplots(figsize=(10,10))
         ax.imshow(img)
         rect_face = patches.Rectangle((x,y),w,h,
                                        linewidth=5,
                                        edgecolor='r',
                                        facecolor='none')
         ax.add_patch(rect_face)

         plt.text(10, 400 , annotation, wrap=True, fontsize=17, color='white')
         plt.show()
```

patches의 Rectangle 함수를 사용해서 사진에 박스를 그릴 수 있습니다. 필요한 정보는 코드 25에 입력했듯이, 선의 굵기(linewidth), 테두리 색(edgecolor), 채움 색(facecolor) 등입니다. 그리고, plt.text는 그림에 글자를 입력하는 함수로 코드 24에서 만들어 둔 정보를 출력합니다.

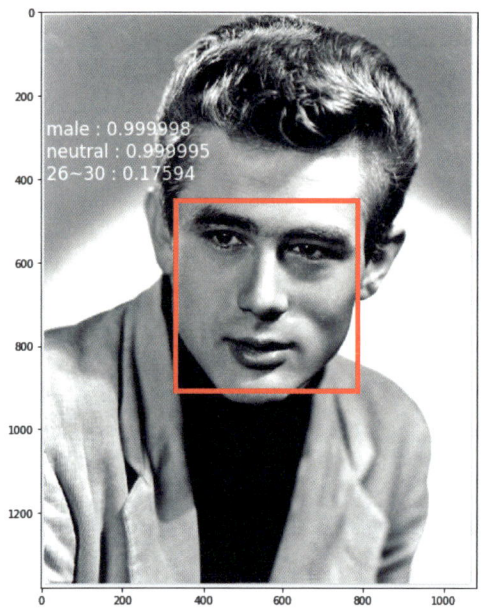

5.4 여러 얼굴이 있는 사진에 대한 정보 표시하기

이번에는 https://pxhere.com/ko/photo/1153438 에서 저작권에 문제가 없는 가족사진 하나를 가져오겠습니다.

▲ 그림 5-3. 테스트용 가족사진

```
In [26]: url = "https://openapi.naver.com/v1/vision/face"
         files = {'image': open('./data/face_detection_test_02.jpg', 'rb')}
         headers = {'X-Naver-Client-Id': client_id,
                    'X-Naver-Client-Secret': client_secret}

         response = requests.post(url, files=files, headers=headers)

         detect_result = json.loads(response.text)
```

그림 5-3의 사진을 data 폴더에 face_detection_test_02.jpg라는 이름으로 저장하고 코드 26을 실행합니다.

```
In [27]: detect_result
Out[27]: {'info': {'size': {'width': 1868, 'height': 1252}, 'faceCount': 3},
          'faces': [{'roi': {'x': 833, 'y': 453, 'width': 208, 'height': 208},
            'landmark': {'leftEye': {'x': 889, 'y': 517},
             'rightEye': {'x': 977, 'y': 513},
             'nose': {'x': 928, 'y': 551},
             'leftMouth': {'x': 892, 'y': 602},
             'rightMouth': {'x': 975, 'y': 600}},
            'gender': {'value': 'child', 'confidence': 1.0},
            'age': {'value': '0~2', 'confidence': 1.0},
```

```
         'emotion': {'value': 'laugh', 'confidence': 0.995791},
         'pose': {'value': 'frontal_face', 'confidence': 0.999813}},
        {'roi': {'x': 1098, 'y': 341, 'width': 249, 'height': 249},
         'landmark': None,
         'gender': {'value': 'female', 'confidence': 0.997118},
         'age': {'value': '21~25', 'confidence': 0.246723},
         'emotion': {'value': 'talking', 'confidence': 0.535313},
         'pose': {'value': 'left_face', 'confidence': 0.918109}},
        {'roi': {'x': 409, 'y': 374, 'width': 268, 'height': 268},
         'landmark': None,
         'gender': {'value': 'female', 'confidence': 0.994603},
         'age': {'value': '14~18', 'confidence': 0.0199849},
         'emotion': {'value': 'laugh', 'confidence': 0.997795},
         'pose': {'value': 'right_face', 'confidence': 0.687556}}]}
```

결과를 보니 총 세 개의 얼굴을 확인했습니다. 이제 코드 15의 결과인 코드 17처럼 얼굴이 하나여서 생각하지 않았던 문제를 고민해야 합니다. 다수의 얼굴에 원하는 정보를 표시하려면 반복문이 필요하다는 것입니다. 코드 17의 정보는 각 얼굴 정보마다 있습니다. 그래서 for문을 사용할 때 in 뒤에는 detect_result['faces']를 사용합니다.

In [28]:
```python
img = mpimg.imread('./data/face_detection_test_02.jpg')

fig,ax = plt.subplots(figsize=(14,10))
ax.imshow(img)

for each in detect_result['faces']:
    x, y, w, h = each['roi'].values()
    gender, gen_confidence = each['gender'].values()
    emotion, emotion_confidence = each['emotion'].values()
    age, age_confidence = each['age'].values()
    
    rect_face = patches.Rectangle((x,y),w,h, linewidth=3,
                                  edgecolor='r', facecolor='none')
    ant_letter = gender + ', ' + emotion +', ' + age
    plt.text(x, y+h+40, ant_letter, size=12, color='blue')
    ax.add_patch(rect_face)

plt.show()
```

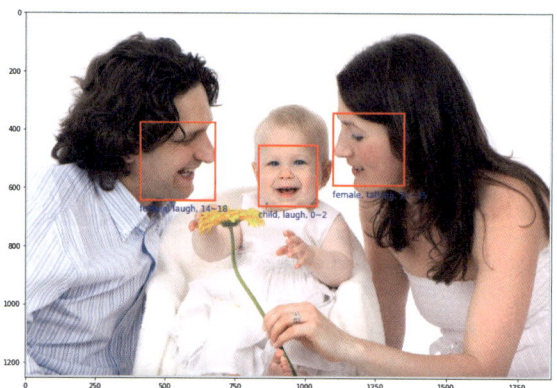

Chapter 06

우리도 인공지능을 배워볼까요
IRIS 꽃 분류하기

인공지능이라고 하면 거창하게 딥러닝이라는 단어나, 알파고라는 단어, 혹은 조금 더 관심 있으신 분들은 CNN이라는 단어도 들어보신 적이 있을 겁니다. 정말 최근 딥러닝과 관련된 발전 속도는 따라가기 힘들 정도입니다. 또 파이썬과 함께 텐서플로우 등의 도구로 쉽게 접근할 수 있어서 배우는 분들도 증가하고 있습니다. 그래서 이제 인공지능이라고 하면 다들 딥러닝만 떠올리는 것 같습니다.

인공지능의 최근 주인공은 확실히 딥러닝인 것 같습니다. 그러나 인공지능이라는 큰 범주에는 딥러닝 외에도 많은 알고리즘이 있고, 지금도 자신이 활동하는 분야에서 좋은 성능을 발휘하는 알고리즘들도 있습니다. 오늘 우리가 다룰 알고리즘 중 하나는 결정나무(decision tree)입니다. 그런데 이 알고리즘의 내용과 원리를 상세히 다루지는 않겠습니다. 이 장에서 다루려고 하는 것은 어떤 알고리즘을 사용하는가의 문제가 아니라,

데이터 수집 ⋯▶ 데이터 정리 ⋯▶ 학습 ⋯▶ 사용

의 단계를 설명하려고 합니다. 어떤 알고리즘이든, 데이터를 모아서 정리하고, 그 데이터를 학습하고, 학습이 완료된 모델을 사용합니다. 물론 여기서 정리 후 다시 수집, 학습에서 다시 데이터 수집으로 되돌아가는 경우도 많습니다.

이 장은 어떤 알고리즘을 사용할 것인가의 문제나, 알고리즘이 무엇이라는 문제가 아니라, 데이터(수집 → 정리) → 학습을 마치고, 모델을 어떻게 사용하고, 적용할 것인지에 관해 다루려고 합니다.

6.1 Iris 꽃 데이터

▲ 그림 6-1. Iris 꽃의 한 종류인 Versicolor

▲ 그림 6-2. Iris 꽃의 한 종류인 Virginica

▲ 그림 6-3. Iris 꽃의 한 종류인 Setosa

Iris의 우리말은 붓꽃이라고 하며 우리나라 각지에서 흔히 볼 수 있는 꽃입니다. 여러 종류의 Iris 중에서 versicolor, virginica, setosa 세 종류에 대한 꽃받침의 길이와 너비, 꽃잎의 길이와 너비 데이터가 유명합니다. 이 데이터를 이용해서 품종을 분류(classification)하는 것이 주제입니다.

```
Anaconda Prompt                                              –  □  ×

(base) C:\Users\user>conda activate study36

(study36) C:\Users\user>pip install sklearn
Collecting sklearn
  Downloading
https://files.pythonhosted.org/packages/1e/7a/dbb3be0ce9bd5c8b7e3d87328e79063f8b263b2b
1bfa4774cb1147bfcd3f/sklearn-0.0.tar.gz
Collecting scikit-learn (from sklearn)
  Downloading
https://files.pythonhosted.org/packages/e7/e4/56757c30853899077cf042f78fb981c0b60f7af4e7
a54ca18328b80e0bff/scikit_learn-0.20.3-cp36-cp36m-win_amd64.whl (4.8MB)
    100% |████████████████████████████████| 4.8MB 2.8MB/s
Requirement already satisfied: numpy>=1.8.2 in c:\users\user\anaconda3\envs\study36\lib\site-
packages (from scikit-learn->sklearn) (1.16.2)
Collecting scipy>=0.13.3 (from scikit-learn->sklearn)
  Downloading
https://files.pythonhosted.org/packages/b9/a2/62f77d2d3c42364d45ba714b4bdf7e1c4dfa67091
dc9f614fa5a948b4fb4/scipy-1.2.1-cp36-cp36m-win_amd64.whl (30.2MB)
    100% |████████████████████████████████| 30.2MB 233kB/s
Building wheels for collected packages: sklearn
  Building wheel for sklearn (setup.py) ... done
  Stored in directory:
C:\Users\user\AppData\Local\pip\Cache\wheels\76\03\bb\589d421d27431bcd2c6da284d5f228
6c8e3b2ea3cf1594c074
Successfully built sklearn
Installing collected packages: scipy, scikit-learn, sklearn
Successfully installed scikit-learn-0.20.3 scipy-1.2.1 sklearn-0.0

(study36) C:\Users\user>
```

▲ 그림 6-4. sklearn 모듈 설치 화면

`pip install sklearn`

이번에 사용할 모듈은 그림 6-4에 설치한 sklearn이라는 모듈입니다. 이름은 scikit-learn으로 딥러닝을 포함한 웬만한 알고리즘은 다 담고 있는 모듈일 겁니다. 딥러닝에 사용하는 것으로 텐서플로(tensor-flow)가 유명하지만, scikit-learn도 사용자가 많고 유용합니다.

```
In [1]: from sklearn.datasets import load_iris
        iris = load_iris()
```

scikit-learn에서는 학습을 위한 데이터를 배포하고 있습니다. 지금 우리가 학습하려는 iris 꽃 데이터도 그중 하나입니다. 데이터를 가져오는 방법은 `sklearn.datasets`에서 `load_iris` 함수를 `import` 해서 사용하면 됩니다.

```
In [2]: iris.keys()
Out[2]: dict_keys(['data', 'target', 'target_names', 'DESCR', 'feature_names', 'fil
        ename'])
```

iris 데이터에는 data와 설명(DESCR) 등의 내용이 있습니다.

```
In [3]: iris.feature_names
Out[3]: ['sepal length (cm)',
         'sepal width (cm)',
         'petal length (cm)',
         'petal width (cm)']
```

```
In [4]: print(iris.DESCR)
```
        .. _iris_dataset:

        Iris plants dataset

        Data Set Characteristics:

            :Number of Instances: 150 (50 in each of three classes)
            :Number of Attributes: 4 numeric, predictive attributes and the class
            :Attribute Information:
                - sepal length in cm
                - sepal width in cm
                - petal length in cm
                - petal width in cm
                - class:
                    - Iris-Setosa
                    - Iris-Versicolour
                    - Iris-Virginica

            :Summary Statistics:

            ============== ==== ==== ======= ===== ====================
                            Min Max Mean   SD   Class Correlation
            ============== ==== ==== ======= ===== ====================
            sepal length: 4.3 7.9 5.84   0.83   0.7826
            sepal width: 2.0 4.4 3.05   0.43 -0.4194
            petal length: 1.0 6.9 3.76   1.76   0.9490 (high!)
            petal width: 0.1 2.5 1.20   0.76   0.9565 (high!)
            ============== ==== ==== ======= ===== ====================

            :Missing Attribute Values: None
            :Class Distribution: 33.3% for each of 3 classes.

```
:Creator: R.A. Fisher
:Donor: Michael Marshall (MARSHALL%PLU@io.arc.nasa.gov)
:Date: July, 1988

The famous Iris database, first used by Sir R.A. Fisher. The dataset is taken
from Fisher's paper. Note that it's the same as in R, but not as in the UCI
Machine Learning Repository, which has two wrong data points.

This is perhaps the best known database to be found in the
pattern recognition literature.  Fisher's paper is a classic in the field and
is referenced frequently to this day.  (See Duda & Hart, for example.)  The
data set contains 3 classes of 50 instances each, where each class refers to a
type of iris plant.  One class is linearly separable from the other 2; the
latter are NOT linearly separable from each other.

.. topic:: References

  - Fisher, R.A. "The use of multiple measurements in taxonomic problems"
    Annual Eugenics, 7, Part II, 179-188 (1936); also in "Contributions to
    Mathematical Statistics" (John Wiley, NY, 1950).
  - Duda, R.O., & Hart, P.E. (1973) Pattern Classification and Scene Analysis.
    (Q327.D83) John Wiley & Sons.  ISBN 0-471-22361-1.  See page 218.
  - Dasarathy, B.V. (1980) "Nosing Around the Neighborhood: A New System
    Structure and Classification Rule for Recognition in Partially Exposed
    Environments".  IEEE Transactions on Pattern Analysis and Machine
    Intelligence, Vol. PAMI-2, No. 1, 67-71.
  - Gates, G.W. (1972) "The Reduced Nearest Neighbor Rule".  IEEE Transactions
    on Information Theory, May 1972, 431-433.
  - See also: 1988 MLC Proceedings, 54-64.  Cheeseman et al"s AUTOCLASS II
    conceptual clustering system finds 3 classes in the data.
  - Many, many more ...
```

R.A. Fisher가 1988년 배포한 데이터로 분류문제에 관해 많이 이용되는 데이터입니다. 이 데이터에는 꽃받침(sepal)의 길이와 너비, 꽃잎(petal)의 길이와 너비 값이 있습니다.

6.2 seaborn의 pairplot으로 iris 데이터 확인하기

```
(study36) C:\Users\user>conda activate study36

(study36) C:\Users\user>pip install seaborn
Requirement already satisfied: seaborn in c:\users\user\anaconda3\envs\study36\lib\site-packages (0.9.0)
Requirement already satisfied: scipy>=0.14.0 in c:\users\user\anaconda3\envs\study36\lib\site-packages (from seaborn) (1.2.1)
Requirement already satisfied: pandas>=0.15.2 in c:\users\user\anaconda3\envs\study36\lib\site-packages (from seaborn) (0.24.2)
Requirement already satisfied: matplotlib>=1.4.3 in c:\users\user\anaconda3\envs\study36\lib\site-packages (from seaborn) (3.0.3)
Requirement already satisfied: numpy>=1.9.3 in c:\users\user\anaconda3\envs\study36\lib\site-packages (from seaborn) (1.16.2)
Requirement already satisfied: pytz>=2011k in c:\users\user\anaconda3\envs\study36\lib\site-packages (from pandas>=0.15.2->seaborn) (2018.9)
Requirement already satisfied: python-dateutil>=2.5.0 in c:\users\user\anaconda3\envs\study36\lib\site-packages (from pandas>=0.15.2->seaborn) (2.8.0)
Requirement already satisfied: cycler>=0.10 in c:\users\user\anaconda3\envs\study36\lib\site-packages (from matplotlib>=1.4.3->seaborn) (0.10.0)
Requirement already satisfied: pyparsing!=2.0.4,!=2.1.2,!=2.1.6,>=2.0.1 in c:\users\user\anaconda3\envs\study36\lib\site-packages (from matplotlib>=1.4.3->seaborn) (2.3.1)
Requirement already satisfied: kiwisolver>=1.0.1 in c:\users\user\anaconda3\envs\study36\lib\site-packages (from matplotlib>=1.4.3->seaborn) (1.0.1)
Requirement already satisfied: six>=1.5 in c:\users\knj\anaconda3\envs\study36\lib\site-packages (from python-dateutil>=2.5.0->pandas>=0.15.2->seaborn) (1.12.0)
Requirement already satisfied: setuptools in c:\users\user\anaconda3\envs\study36\lib\site-packages (from kiwisolver>=1.0.1->matplotlib>=1.4.3->seaborn) (40.8.0)

(study36) C:\Users\user>
```

▲ 그림 6-5. seaborn 설치

`pip install seaborn`

seaborn이라는 유용한 도구가 있습니다. 이 도구는 matplotlib와 함께 사용하는 것으로 다양한 통계적 그래프를 그릴 수 있으므로 익혀두면 유용하게 쓸 수 있습니다. 이렇게 필요한 함수 또는 기능만 사

용하기 위해 모듈을 설치하고 원하는 기능만 익혀서 바로 적용할 수도 있습니다. seaborn의 더 자세한 학습은 필자의 블로그(https://pinkwink.kr/793#seaborn)에서 확인할 수 있습니다. Seaborn도 iris 꽃 데이터를 가지고 있습니다. iris 데이터를 눈으로 확인하는 작업은 seaborn이 제공하는 iris를 가지고 쉽게 접근하겠습니다.

In [5]: `import seaborn as sns`

seaborn은 sns라는 이름으로 사용할 때가 많습니다. 그림 6-5처럼 설치한 후 import합니다.

In [6]:
```
iris_pd = sns.load_dataset('iris')
iris_pd.head()
```

Out[6]:

	sepal_length	sepal_width	petal_length	petal_width	species
0	5.1	3.5	1.4	0.2	setosa
1	4.9	3.0	1.4	0.2	setosa
2	4.7	3.2	1.3	0.2	setosa
3	4.6	3.1	1.5	0.2	setosa
4	5.0	3.6	1.4	0.2	setosa

seaborn의 `load_dataset` 명령으로 iris 데이터를 가져옵니다. 해당 데이터는 앞서 scikit-learn의 데이터와 같지만, 구조와 데이터형이 달라서 혼동할 수도 있으므로 `iris_pd`라는 변수에 저장합니다.

In [7]: `sns.pairplot(iris_pd)`

Out[7]: `<seaborn.axisgrid.PairGrid at 0x10df4b6a0>`

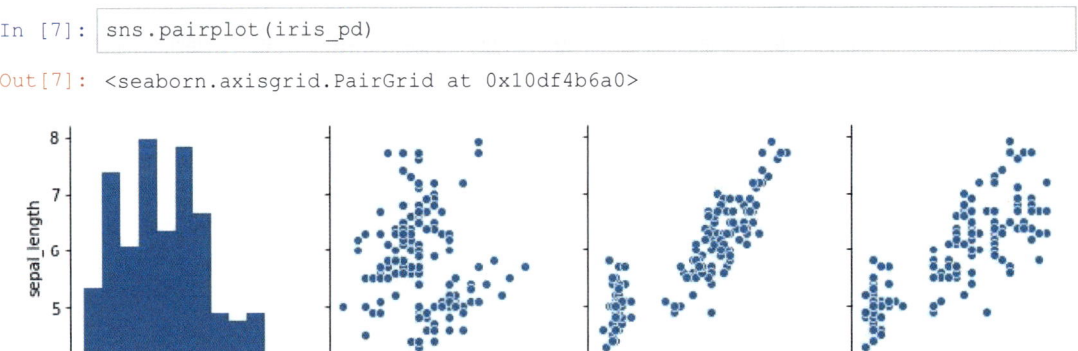

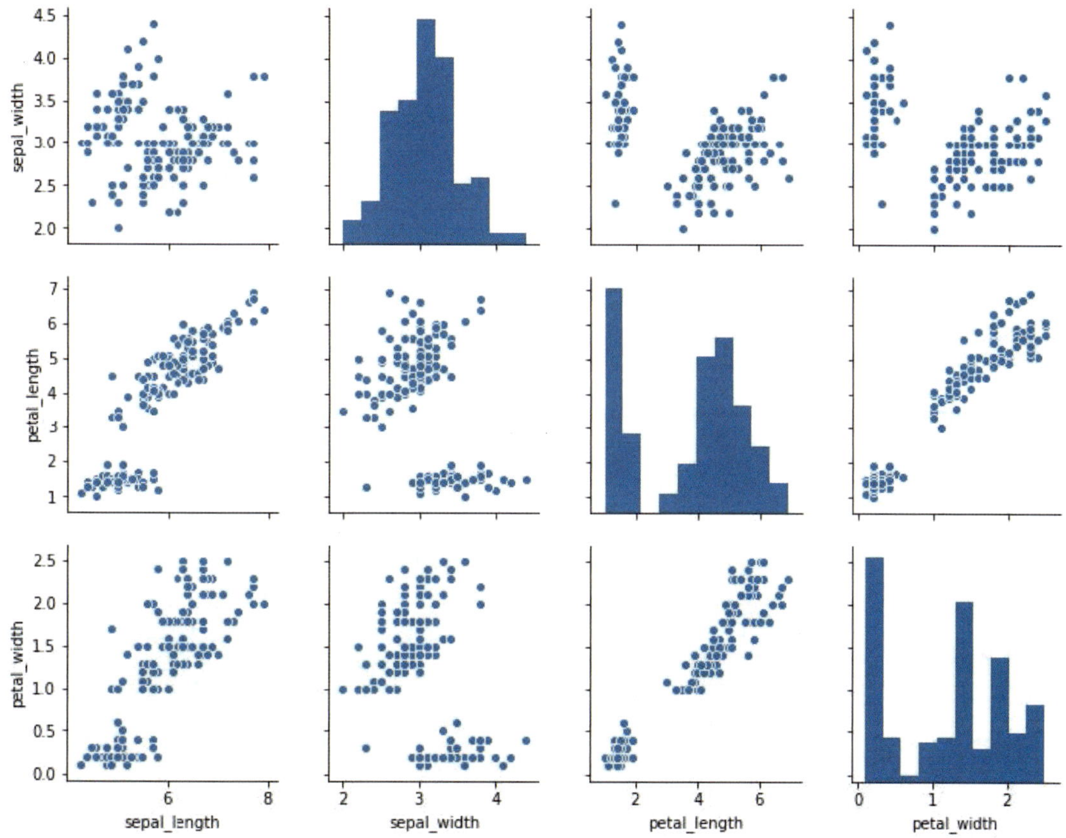

데이터를 `sns.pairplot`으로 seaborn의 pairplot으로 그려봅시다. 코드 7과 같이 iris의 네 가지 특성을 가지고 16개의 비교 그림을 한 번에 그려줍니다. 더 많은 정보를 얻기 위해 hue 옵션에 `species`를 적용하면 코드 8처럼 종별을 구분할 수 있습니다.

```
In [8]: sns.pairplot(iris_pd, hue='species')
Out[8]: <seaborn.axisgrid.PairGrid at 0x12b56e358>
```

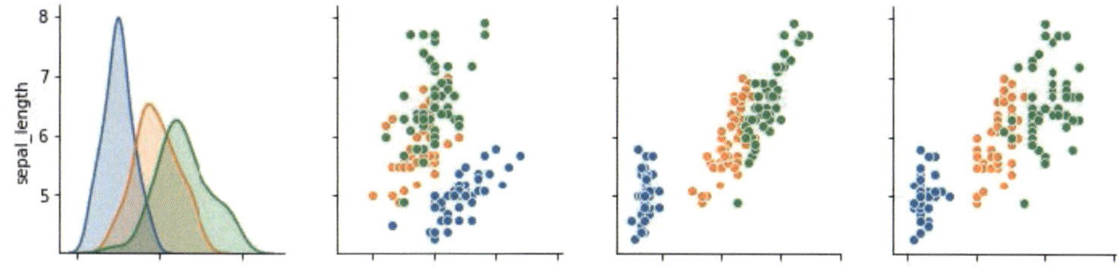

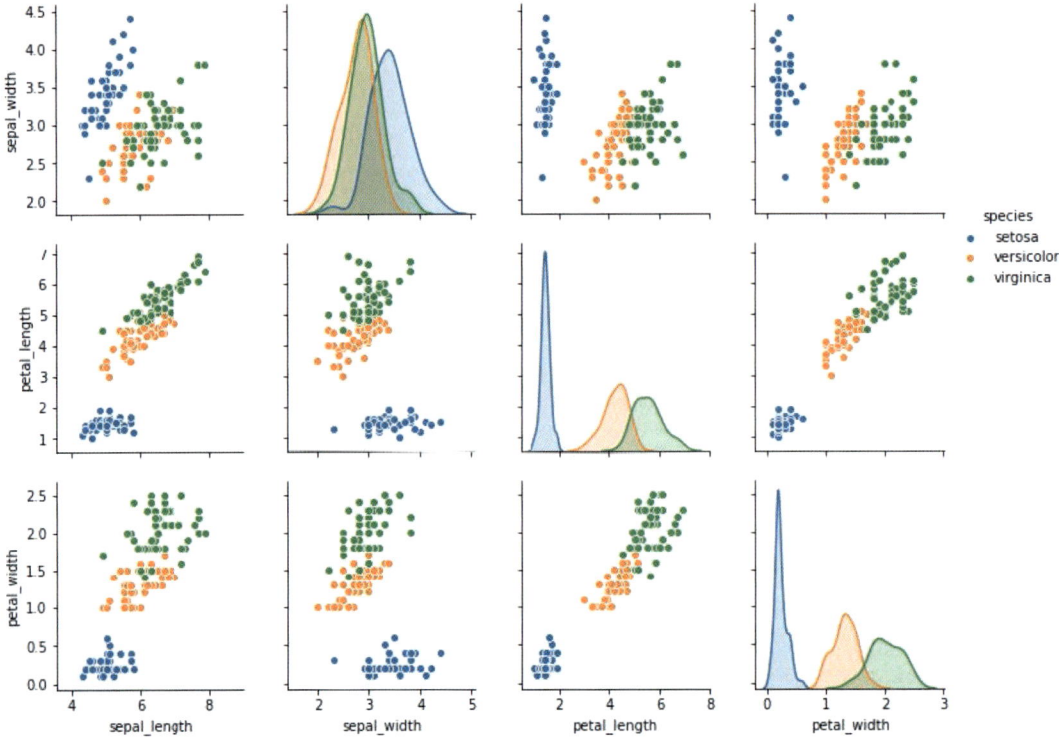

코드 8의 결과에서 setosa, versicolor, virginica 이 세 종을 가장 잘 구분할 수 있는 칼럼은 petal_length와 petal width로 보입니다. 이 두 데이터만 따로 그려보겠습니다.

In [9]: `sns.pairplot(iris_pd, height=5, vars=['petal_length', 'petal_width'], hue='species')`

Out[9]: `<seaborn.axisgrid.PairGrid at 0x12dfa8780>`

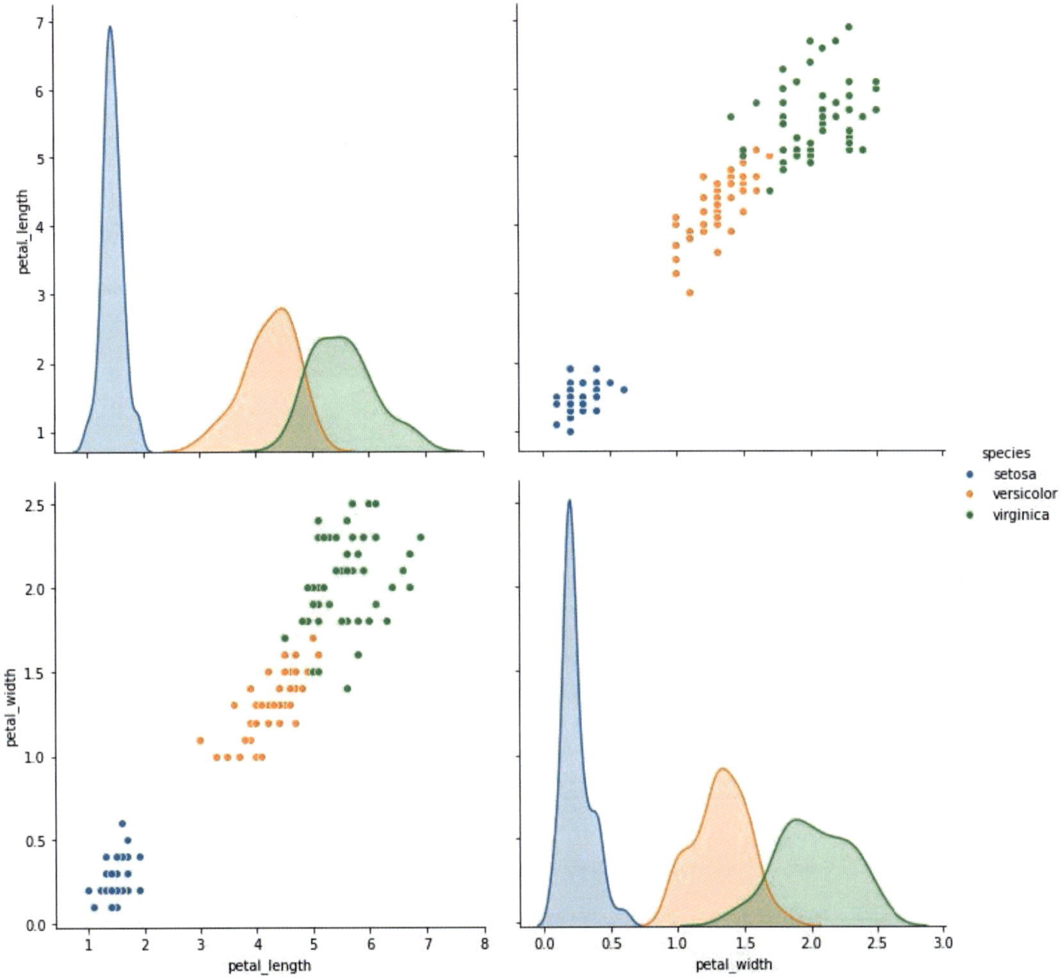

versicolor와 virginica가 조금 섞여 있지만, 다른 종에 비해 잘 구분됩니다.

6.3 간단한 결정나무 모델

앞서 이야기한 petal width와 length로 모델을 만들어 보겠습니다. 그전에 모델을 보여주는 데 도움이 되는 모듈을 하나 설치하겠습니다.

▲ 그림 6-6. https://www.graphviz.org/ Graphviz 공식 홈페이지

이번 모듈은 Graphviz라는 오픈소스로 블록선도와 같은 그림을 그리는 데 아주 유용합니다.

▲ 그림 6-7. https://www.graphviz.org/download/ Graphviz 다운로드 페이지

공식 사이트에서 그림 6-7을 다운로드를 합니다.

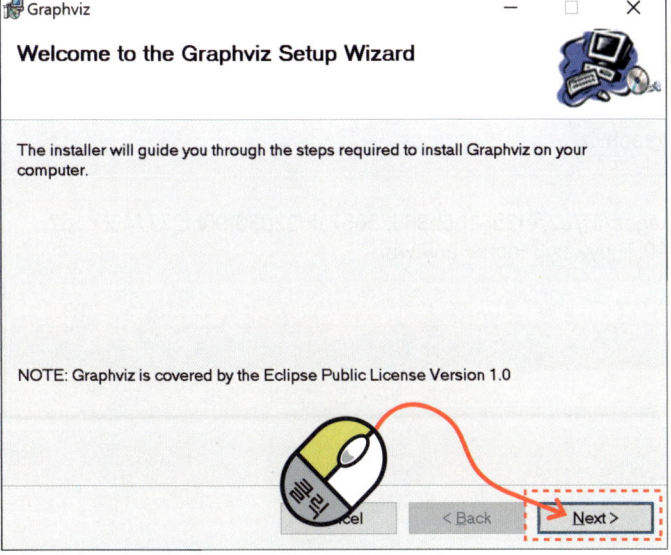

▲ 그림 6-8. Graphviz 설치 화면

msi 파일을 받아서 설치를 진행하면 됩니다.

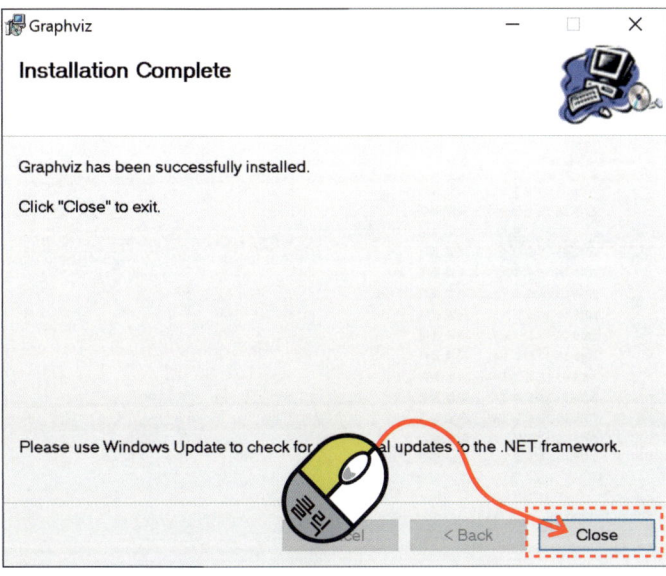

▲ 그림 6-9. Graphviz 설치 완료 화면

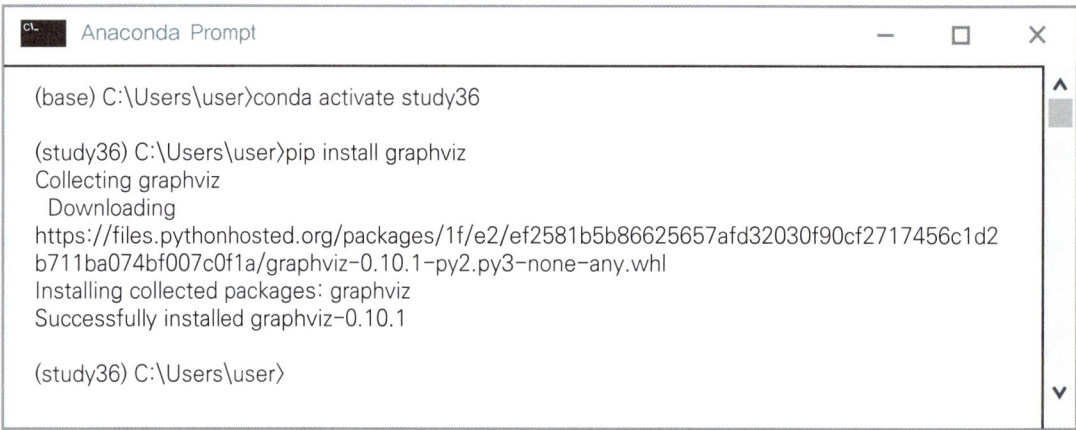

▲ 그림 6-10. Graphviz 모듈 설치 화면

추가로

`pip install graphviz`

로 graphviz를 설치합니다.

여기서 윈도우 사용자는 한 단계 더 설정해야 할 것이 있습니다.

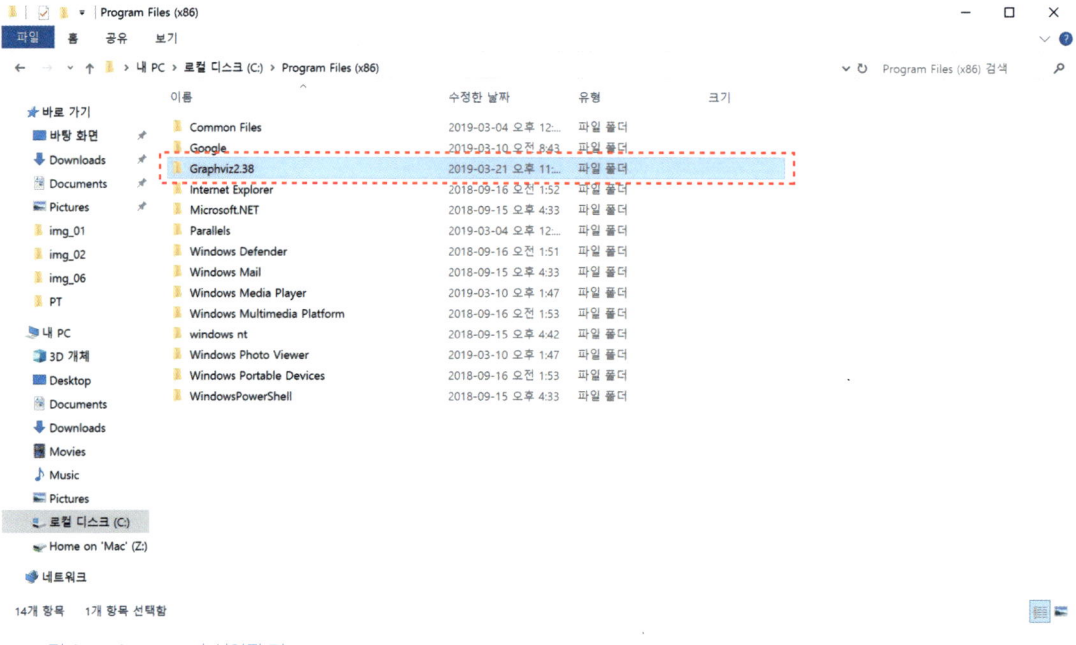

▲ 그림 6-11. Graphviz가 설치된 경로

그림 11처럼 Graphviz가 설치된 경로를 탐색기를 이용해 찾아서 그 경로를 복사(CTRL+C)해 둡니다.

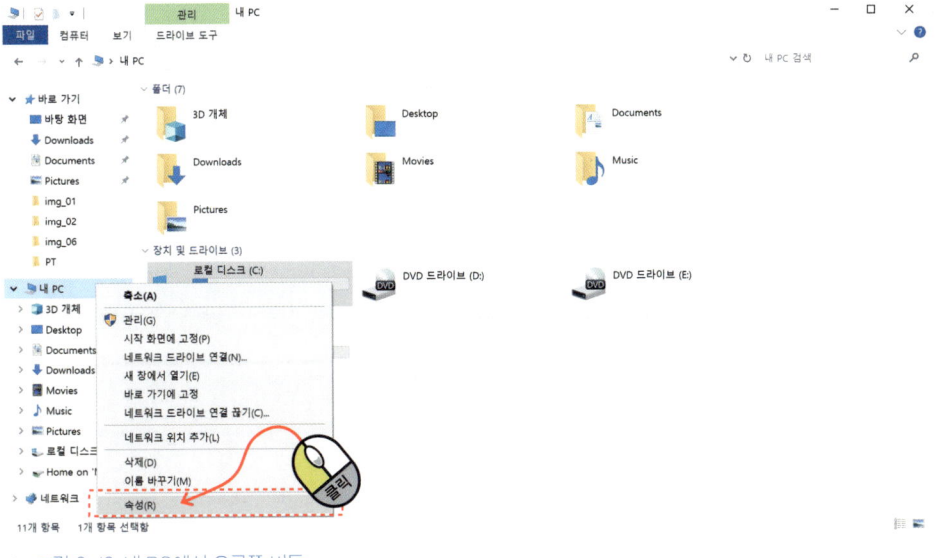

▲ 그림 6-12. 내 PC에서 오른쪽 버튼

그리고 내 PC에서 오른쪽 버튼을 눌러서 속성을 누릅니다.

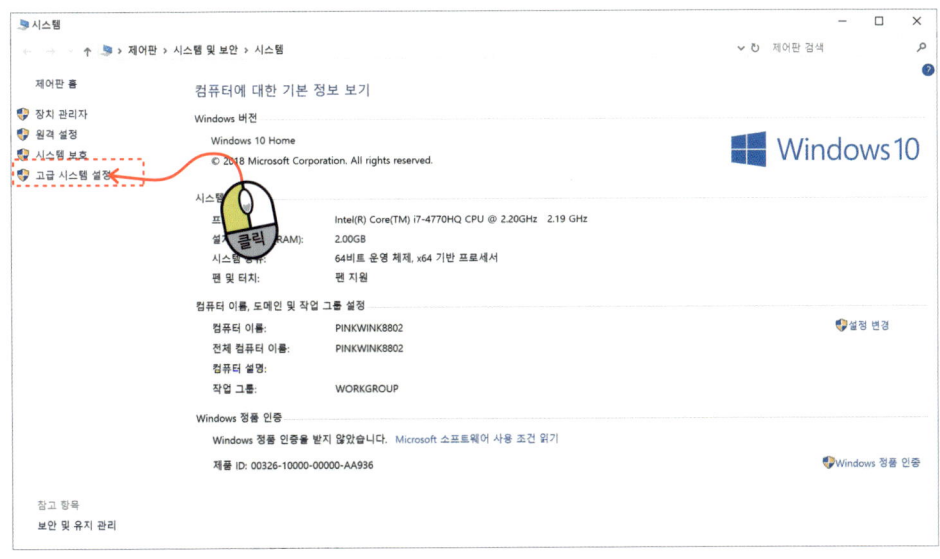

▲ 그림 6-13. 시스템에서 고급 시스템 설정

그리고 시스템에서 고급 시스템 설정을 선택합니다.

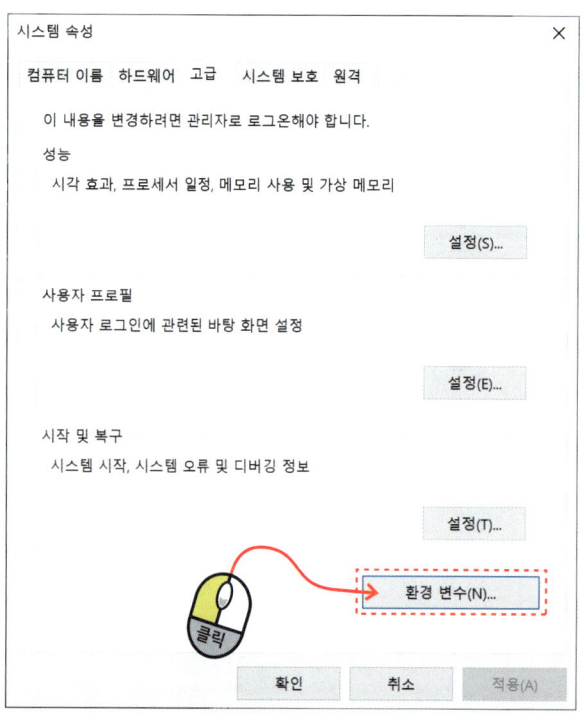

▲ 그림 6-14. 시스템 설정

나타난 창에서 환경 변수를 선택합니다.

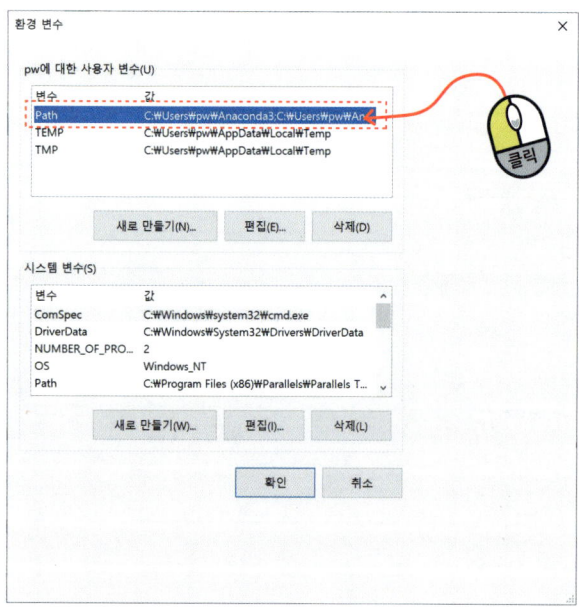

▲ 그림 6-15. 사용자 환경 변수에서 Path 선택

그림 6-15에 나타난 Path를 선택합니다.

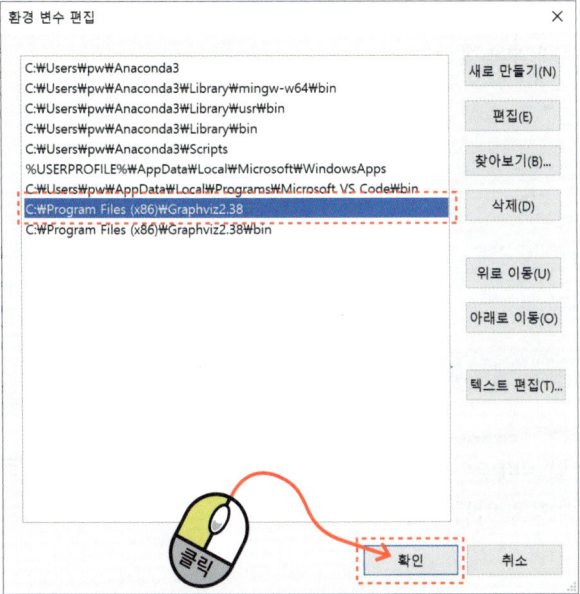

그림 6-11에서 복사한 경로를 그림 6-16처럼 복사해 둡니다. 해당 경로와 그 뒤에 \bin을 붙여서 두 개를 등록하고 재부팅을 합니다.

▲ 그림 6-16. Path 입력

```
In [10]: from sklearn.tree import DecisionTreeClassifier

         X = iris.data[:, 2:]
         y = iris.target
```

sklearn에서 DecisionTreeClassifier를 import 합니다. 이 모듈이 결정나무 알고리즘을 사용하는 것입니다. 그리고, 코드 8의 결과에서 얻은 대로 petal의 width와 length를 사용하기 위해 X 변수에 모든 행에서 2번째 칼럼 데이터부터 사용하는 것으로 합니다.

```
In [11]: tree_clf = DecisionTreeClassifier(max_depth=2, random_state=13)
         tree_clf.fit(X, y)

Out[11]: DecisionTreeClassifier(class_weight=None, criterion='gini', max_depth=2,
                     max_features=None, max_leaf_nodes=None,
                     min_impurity_decrease=0.0, min_impurity_split=None,
                     min_samples_leaf=1, min_samples_split=2,
                     min_weight_fraction_leaf=0.0, presort=False, random_state=13,
                     splitter='best')
```

scikit-learn에서 DecisionTreeClassifier를 사용하는 것은 정말 간편합니다. 몇 단계까지 진입할 것인지 max_depth를 정하고, random_state를 지정합니다. random_state는 랜덤 변수

를 사용하긴 하지만, 같은 순서로 배정되어 다시 사용할 때 비슷한 결과가 나타나게 합니다. scikit-learn에서 fit 명령을 사용하면 결정나무 모델 구축을 시작합니다.

```
In [12]: from sklearn.tree import export_graphviz

         export_graphviz(
             tree_clf,
             out_file="iris_tree.dot",
             feature_names=["petal length", "petal width"],
             class_names=iris.target_names,
             rounded=True,
             filled=True
         )
```

sckit-learn은 graphviz를 사용하기 위한 export_graphviz를 지원합니다. 이 명령을 코드 12와 같이 설정하고 나면 지정된 이름의 dot 파일을 만듭니다.

```
In [13]: import graphviz
         with open("iris_tree.dot") as f:
             dot_graph = f.read()

         dot = graphviz.Source(dot_graph)
         dot.format = 'png'
         dot.render(filename='iris_tree', directory='images/decision_trees', cleanup=True)
         dot
```

Out[13]: petal length <= 2.45 gini = 0.667 samples = 150 value = [50, 50, 50] class = setosa gini = 0.0 samples = 50 value = [50, 0, 0] class = setosa True petal width <= 1.75 gini = 0.5 samples = 100 value = [0, 50, 50] class = versicolor False gini = 0.168 samples = 54 value = [0, 49, 5] class = versicolor gini = 0.043 samples = 46 value = [0, 1, 45] class = virginica

그렇게 만든 dot 파일을 코드 13의 결과처럼 표시할 수 있습니다. 파일을 여는 open 명령은 with 구문과 함께 사용하면 파일을 다 사용한 후 알아서 close가 되어 간편합니다. 그리고 별도로 images 폴더에 이미지 파일로도 저장됩니다. 코드 13의 결과를 보면 약간 혼동할 수 있으나 코드 9의 결과와 함께 보면 더 잘 이해할 수 있을 것입니다.

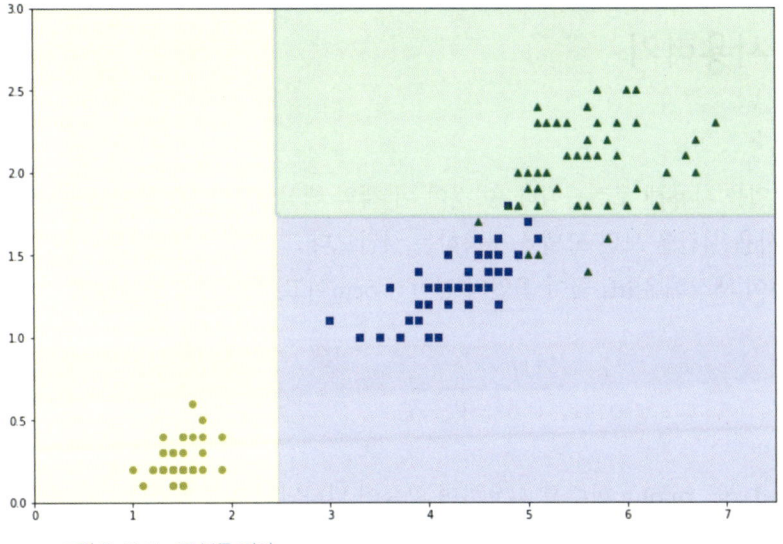

▲ 그림 6-17. Iris 꽃 분류 결과

그림 6-17과 함께 봐도 쉽게 이해할 수 있습니다. 코드 13의 결과는 setosa와 vericolor, virginica를 어떻게 구분할 수 있는지에 대한 이야기이고, setosa의 경우는 petal length가 2.45 이하면 다 setosa라고 말할 수 있습니다. 샘플 50이 모두 petal length가 2.45 이하면 setosa라고 판정된다는 것을 알려줍니다. gini는 불순도로 그 값이 낮을수록 좋습니다. 결정나무 알고리즘은 불순도를 낮게 하도록 경계선을 잡아가는 과정입니다. depth를 2로 정해서 versicolor와 virginica를 결정하기 위해 한 depth 더 진행할 수 있습니다. 이번에는 petal_width를 기준으로 1.75 이하면 54개 표본 중, 49개를 versicolor로 판별할 수 있음을 알 수 있습니다.

결국, 코드 11의 결과로 우리의 학습 모델은 다음을 알려줍니다.

- setosa: 꽃잎의 길이가 2.45 이하
- versicolor: 꽃잎의 길이가 2.45 이상이면서 꽃잎의 너비가 1.75 이하
- virginica: 꽃잎의 길이가 2.45 이상이면서 꽃잎의 너비가 1.75 이상

이런 종류의 인공지능 알고리즘에서 나온 모델을 화이트박스 모델이라고 합니다. 왜 그런 판단을 했는지 설명할 수 있기 때문입니다. 유명한 딥러닝은 지금까지는 블랙박스 모델입니다. 딥러닝이 왜 그런 판단을 했는지를 설명하기 어렵기 때문입니다.

6.4 학습한 모델 사용하기

이제 6-3절에서 구축한 모델을 사용해 보겠습니다. 이것이 이 책의 핵심입니다. 좋은 모델을 구축하는 것도 중요하지만, 실제 사용 시간을 보면 모델을 구축하는 시간보다 그 모델을 사용하는 경우가 더 많을 것입니다. 만약 여러분이 채집해온 iris 꽃이 꽃잎의 길이가 5cm이고, 너비가 1.5cm라면

```
In [14]: tree_clf.predict_proba([[5, 1.5]])
Out[14]: array([[0.        , 0.90740741, 0.09259259]])
```

구축한 모델(tree_clf)에 `predict_proba` 함수를 사용하면 확률이 나타납니다.

```
In [15]: iris.target_names
Out[15]: array(['setosa', 'versicolor', 'virginica'], dtype='<U10')
```

코드 15처럼 타겟 이름이 잡혀있어서 코드 14의 결과를 해석하면 **versicolor**일 확률이 90.74%입니다.

```
In [16]: tree_clf.predict([[5, 1.5]])
Out[16]: array([1])
```

`predict` 함수를 사용해서 바로 결과를 얻을 수도 있습니다. 코드 15부터 코드 16을 약간 응용하면

```
In [17]: iris.target_names[tree_clf.predict([[5, 1.5]])]
Out[17]: array(['versicolor'], dtype='<U10')
```

이렇게 바로 결과를 얻을 수 있습니다.

Chapter 07

타이타닉 생존자 예측하기

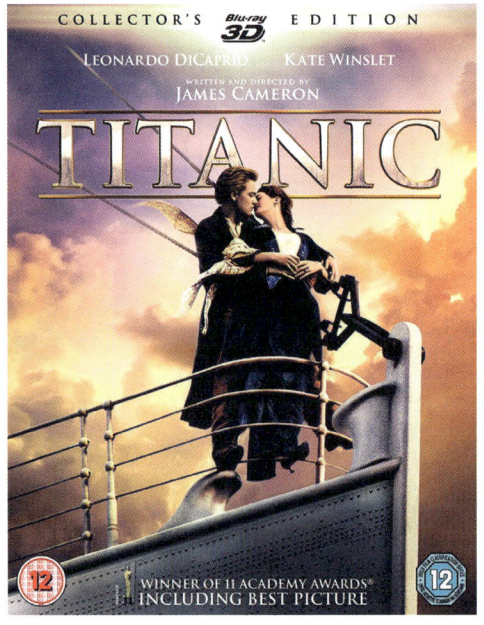

▲ 그림 7-1. 영화 타이타닉 포스터 출처: flickr

그림 7-1은 영화 타이타닉 포스터입니다. 레오나르도 디카프리오와 케이트 윈슬릿을 스타로 만들어준 영화로 유명하며, 실제 타이타닉호의 침몰을 배경으로 한 영화입니다. 실제 고증을 많이 한 영화이면서 재난 영화의 모범으로 알려져 있죠. 영화에서는 배에 탑승한 상류층 인사들의 추태가 나오지만, 그 근거는 희박하고 오히려 자기 삶을 희생한 사람이 많았다고 합니다. 이 부분을 이 장에서 데이터를 통해 확인할 수 있을 것 같습니다.

타이타닉 침몰 사건에 관한 내용은 위키 백과사전을 인용하겠습니다.

RMS 타이타닉(통용: RMS 타이타닉, 영어: RMS Titanic)은 영국의 화이트 스타 라인이 운영한 북대서양 횡단 여객선이다. 1912년 4월 10일 영국의 사우샘프턴을 떠나 미국의 뉴욕으로 향하던 첫 항해 중에 4월 15일 빙산과 충돌하여 침몰하였다. 타이타닉의 침몰로 1,514명이 사망하였으며, 이는 평화 시 해난 사고 가운데 가장 큰 인명피해이다.

타이타닉은 선내에 체육관, 수영장 등의 시설을 갖춘 당시 최대 여객선이었습니다.

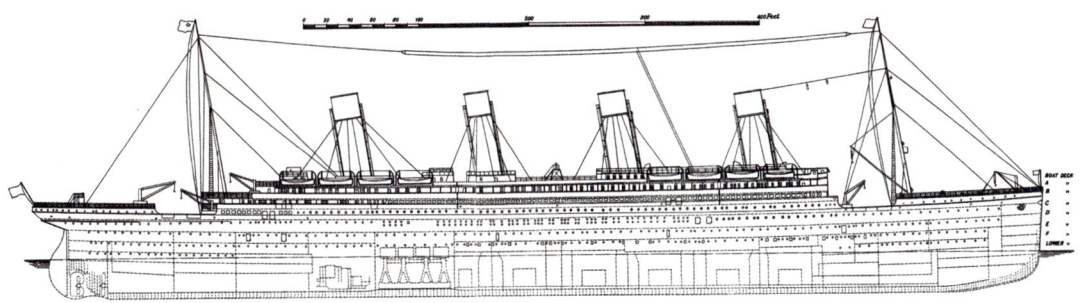

▲ 그림 7-2. 타이타닉호의 설계도 출처 : 위키백과

이 배에 대한 상세한 이야기는 많은 다큐멘터리와 책에서 다루어져 있으니 읽어보길 권합니다. 정말 많은 이야기를 알 수 있습니다.

타이타닉 생존자 예측하기는 인공지능 알고리즘을 학습할 때 많은 사람이 예제처럼 다루는 일종의 토이프로젝트(Toy Project)입니다. 일단, 국제선이다 보니 탑승객의 정보가 상세해서 데이터 측면에서 학습에 사용할 특징이 많습니다. 타이타닉 생존자 예측하기는 다음의 질문에 답하는 인공지능 모델을 만드는 것과 같다고 생각하면 됩니다.

- 어머니와 약혼자와 함께 1등실에 탑승한 17세 여성의 생존 확률은 얼마일까?
- 부모 형제 없이 혼자 3등실에 탑승한 19세 남성의 생존 확률은 얼마일까?

이런 질문에 답할 수 있는 모델을 만들고, 실제 그 모델에 질문을 해서 답을 얻는 과정을 설명하려고 합니다. 참고로 첫 번째 질문은 영화에서 케이트 윈슬릿이 연기한 로즈의 데이터이고, 두 번째 질문은 레오나르도 디카프리오가 연기한 잭의 데이터입니다. 영화에서 이 두 주인공은 가상의 인물이지만, 실제 타이타닉의 생존자 데이터를 이용해서 이들의 생존율을 계산해 보는 것입니다. 그래서 이 장은 이전 장도 마찬가지였지만, 사용되는 명령의 옵션 하나하나에 신경 쓰기보다는 전체 흐름을 그냥 따라 오는 것에 중점을 두면 좋겠습니다.

7.1 데이터 읽고 전체 상황 확인하기

```
In [1]: import numpy as np
        import pandas as pd
        import matplotlib.pyplot as plt
        import seaborn as sns
        %matplotlib inline
```

6장에서 잠시 배운 seaborn을 포함해서 numpy, pandas, matplotlib를 import합니다.

```
In [2]: raw_data = pd.read_excel('./data/titanic.xls')
        raw_data.info()

        <class 'pandas.core.frame.DataFrame'>
        RangeIndex: 1309 entries, 0 to 1308
        Data columns (total 14 columns):
        pclass       1309 non-null int64
        survived     1309 non-null int64
        name         1309 non-null object
        sex          1309 non-null object
        age          1046 non-null float64
        sibsp        1309 non-null int64
        parch        1309 non-null int64
        ticket       1309 non-null object
        fare         1308 non-null float64
        cabin        295 non-null object
        embarked     1307 non-null object
        boat         486 non-null object
        body         121 non-null float64
        home.dest    745 non-null object
        dtypes: float64(3), int64(4), object(7)
        memory usage: 143.2+ KB
```

titanic.xls는 타이타닉호의 생존자 데이터로, https://github.com/PinkWink/playing_data에서 받아서 data 폴더에 저장합니다. 이 엑셀 파일을 pandas로 읽습니다.

```
In [3]: raw_data.describe()
```

Out[3]:

	pclass	survived	age	sibsp	parch	fare	body
count	1309.000000	1309.000000	1046.000000	1309.000000	1309.000000	1308.000000	121.000000
mean	2.294882	0.381971	29.881135	0.498854	0.385027	33.295479	160.809917

std	0.837836	0.486055	14.413500	1.041658	0.865560	51.758668	97.696922
min	1.000000	0.000000	0.166700	0.000000	0.000000	0.000000	1.000000
25%	2.000000	0.000000	21.000000	0.000000	0.000000	7.895800	72.000000
50%	3.000000	0.000000	28.000000	0.000000	0.000000	14.454200	155.000000
75%	3.000000	1.000000	39.000000	1.000000	0.000000	31.275000	256.000000
max	3.000000	1.000000	80.000000	8.000000	9.000000	512.329200	328.000000

pandas의 `describe()` 명령은 간단한 통계적 개요를 알려줍니다. 각 데이터의 의미는 아래와 같습니다.

- pclass: 탑승한 선실의 등급으로 1등실이 가장 좋고, 3등실이 가장 저렴한 객실
- survived: 생존 여부로 1이면 생존, 0이면 미생존
- age: 나이입니다.
- sibsp: 함께 탑승한 형제자매나 배우자의 수
- parch: 함께 탑승한 부모나 자녀의 수
- fare: 탑승 당시 요금

단순 통계적 개요에서는 survived 항목의 평균값에서 생존율이 38.20%였음을 알 수 있습니다. 탑승객 중 가장 나이가 어린 탑승객은 생후 2개월 된 아기였다는 것도 알 수 있습니다.

```
In [4]: raw_data.head()
```

Out[4]:

	pclass	survived	name	sex	age	sibsp	parch	ticket	fare	cabin	embarked	boat
0	1	1	Allen, Miss. Elisabeth Walton	female	29.0000	0	0	24160	211.3375	B5	S	2
1	1	1	Allison, Master. Hudson Trevor	male	0.9167	1	2	113781	151.5500	C22 C26	S	11
2	1	0	Allison, Miss. Helen Loraine	female	2.0000	1	2	113781	151.5500	C22 C26	S	NaN
3	1	0	Allison, Mr. Hudson Joshua Creighton	male	30.0000	1	2	113781	151.5500	C22 C26	S	NaN

| 4 | 1 | 0 | Allison, Mrs. Hudson J C (Bessie Waldo Daniels) | female | 25.0000 | 1 | 2 | 113781 | 151.5500 | C22 C26 | S | NaN |

실제 생존데이터는 코드 4의 결과와 같이 생겼습니다. 데이터를 찬찬히 들여다보면서 진행하겠습니다.

7.2 데이터 개요를 그래프로 확인하기

```
In [5]: f,ax=plt.subplots(1,2,figsize=(12,6))

        raw_data['survived'].value_counts().plot.pie(explode=[0,0.1],
                                            autopct='%1.2f%%',ax=ax[0])
        ax[0].set_title('Survived')
        ax[0].set_ylabel('')

        sns.countplot('survived', data=raw_data,ax=ax[1])
        ax[1].set_title('Survived')
        plt.show()
```

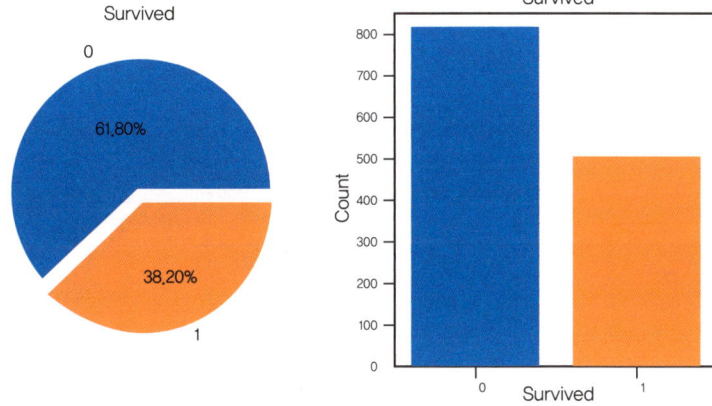

raw_data에 전체 탑승객 정보가 있는데, 그중에 survived 정보를 파이 그래프로 그려보았습니다. **value_counts()**를 이용하면 해당 항목(survived)의 숫자를 합쳐서 바로 그림을 그려줍니다. 생존율이 38.20%인 것을 파이 그래프로 바로 알 수 있으며, 그 수는 500명쯤이었다는 것도 알 수 있습니다.

```
In [6]: raw_data['age'].hist(bins=20,figsize=(18,8),grid=False);
```

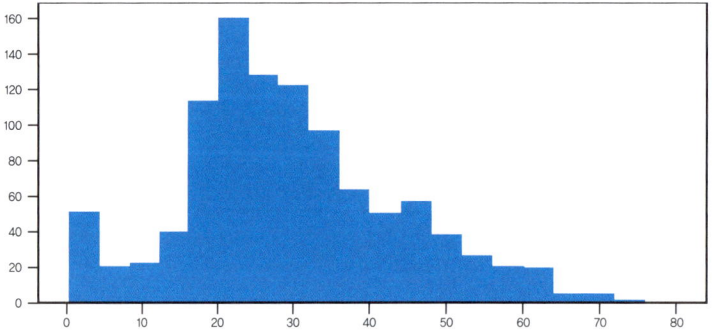

전체 탑승객 정보(raw_data)에서 age 항목의 히스토그램(hist)을 그렸습니다. 0세에서 4세 사이 아기들의 숫자가 다른 어린이들에 비해 많았음을 알 수 있습니다. 실제 타이타닉에는 아메리칸 드림을 꿈꾸며 새로운 보금자리를 얻기 위해 아기를 안고 가족 단위로 탑승한 가난한 가족이 많았다고 합니다.

```
In [7]: raw_data.groupby('pclass').mean()
```

Out[7]:

pclass	survived	age	sibsp	parch	fare	body
1	0.619195	39.159918	0.436533	0.365325	87.508992	162.828571
2	0.429603	29.506705	0.393502	0.368231	21.179196	167.387097
3	0.255289	24.816367	0.568406	0.400564	13.302889	155.818182

groupby 명령을 사용하면, 지정된 칼럼을 index로 데이터를 재정렬해줍니다. groupby를 이용해서 탑승 선실의 등급으로 데이터를 다시 봅시다. 가장 비싼 1등실의 평균 연령이 가장 높고, 3등실의 평균 연령이 가장 낮습니다. 요금도 당연히 1등실이 높겠죠. 그런데, 생존율도 1등실이 가장 높습니다. 무려 62.0%입니다. 25.53%인 3등실과 비교하면 차이가 엄청납니다. 이 데이터만 보면 상류층 사람들이 많이 살아남은 것으로만 보입니다. 그러나 타이타닉에서는 그렇지 않습니다. 단순히 평균만으로는 그렇지 않다는 것을 하나씩 확인해 보겠습니다.

```
In [8]: raw_data.corr()
```

Out[8]:

	pclass	survived	age	sibsp	parch	fare	body
pclass	1.000000	-0.312469	-0.408106	0.060832	0.018322	-0.558629	-0.034642
survived	-0.312469	1.000000	-0.055513	-0.027825	0.082660	0.244265	NaN

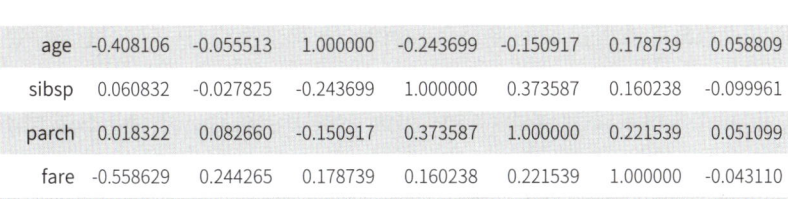

pandas가 제공하는 `corr()` 함수는 상관계수를 계산해주는 함수입니다. 이런 상관계수는 seaborn의 `heatmap`과 함께 보면 시각적 효과가 좋습니다.

```
In [9]: plt.figure(figsize=(10, 10))
        sns.heatmap(raw_data.corr(), linewidths=0.01, square=True,
                    annot=True, cmap=plt.cm.viridis, linecolor="white")
        plt.title('Correlation between features')
        plt.show()
```

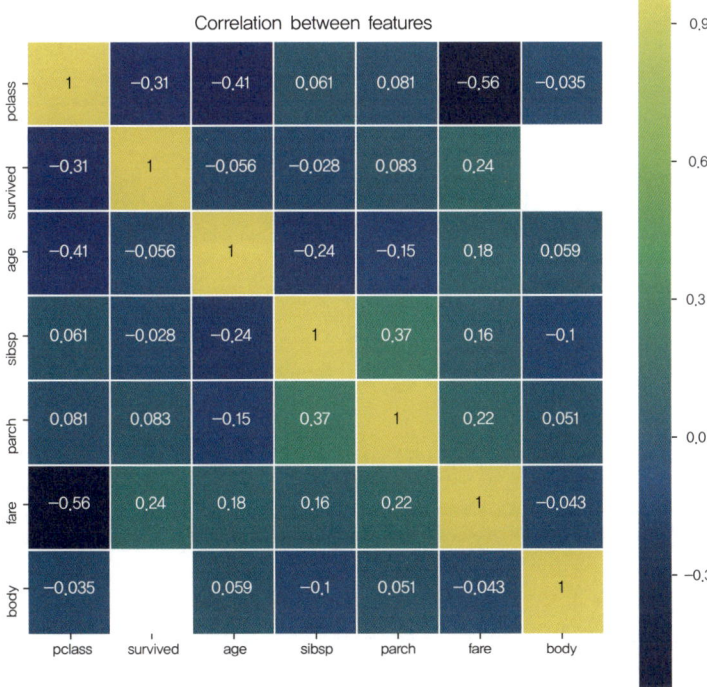

코드 9는 코드 8을 시각적으로 효과를 주기 위해 `heatmap`을 적용한 것입니다. 상관계수는 두 데이터의 상관관계만 확인하는 것으로 인과관계로 생각하면 안 됩니다. 결과만 보면, 선실 등급(pclass)이 낮을수록 생존율(survived)이 높아지는 관계에 있다는 것과 선실 등급(pclass)이 낮을수록 탑승객의 나이가 많아진다는 것을 알 수 있습니다. 이것은 코드 7에서 확인한 것과 별반 다르지 않습니다.

7.3 나이별 구별 및 성별 생존율 확인하기

```
In [10]: raw_data['age_cat'] = pd.cut(raw_data['age'],
                                 bins=[0, 3, 7, 15, 30, 60, 100],
                                 include_lowest=True,
                                 labels=['baby', 'children', 'teenage',
                                         'young', 'adult', 'old'])
         raw_data.head()
```

Out[10]:

	pclass	survived	name	sex	age	sibsp	parch	ticket	fare	cabin	embarked	boat
0	1	1	Allen, Miss. Elisabeth Walton	female	29.0000	0	0	24160	211.3375	B5	S	2
1	1	1	Allison, Master. Hudson Trevor	male	0.9167	1	2	113781	151.5500	C22 C26	S	11
2	1	0	Allison, Miss. Helen Loraine	female	2.0000	1	2	113781	151.5500	C22 C26	S	NaN
3	1	0	Allison, Mr. Hudson Joshua Creighton	male	30.0000	1	2	113781	151.5500	C22 C26	S	NaN
4	1	0	Allison, Mrs. Hudson J C (Bessie Waldo Daniels)	female	25.0000	1	2	113781	151.5500	C22 C26	S	NaN

이번에는 나이 등급(age_cat)을 만들어서 구분해서 관찰을 해보려고 합니다. pandas가 제공하는 cut 함수를 사용해서 나이 기준을 만들고, 그 각각에 이름(labels)을 붙일 수 있습니다. 0세부터 3세는 baby, 3세부터 7세까지는 children 이런 식으로 나이 데이터를 등급화하고 이를 관찰해보겠습니다.

Chapter 7 타이타닉 생존자 예측하기 | 171

```
In [11]:  raw_data.groupby('age_cat').mean()
```
Out[11]:

age_cat	pclass	survived	age	sibsp	parch	fare	body
baby	2.585366	0.634146	1.540651	1.487805	1.365854	29.615346	4.000000
children	2.640000	0.640000	5.160000	1.760000	1.360000	31.022828	NaN
teenage	2.632653	0.489796	11.540816	1.734694	1.163265	38.390904	132.000000
young	2.412955	0.368421	23.389676	0.352227	0.236842	27.313140	169.720930
adult	1.893564	0.423267	41.548267	0.376238	0.405941	47.141986	154.777778
old	1.545455	0.242424	65.393939	0.303030	0.363636	60.248309	185.600000

이 데이터는 코드 7과는 또 조금 다른 결과를 줍니다. baby 등급에 가까운 연령대일수록 3등실에 많이 탑승했다는 것입니다. 그러면 코드 7이나 코드 9의 결과로 이 baby 등급의 생존율이 낮아야 하지만, 타이타닉에서는 baby 등급일수록 생존율이 높습니다. adult나 old로 갈수록 선실 등급이 1등실에 가까워지지만, 생존율은 낮아집니다. 이 결과는 확실히 코드 7의 결과와 달라 보입니다. 평균의 함정이지요. 조금 더 데이터를 들여다봐야겠습니다.

```
In [12]:  plt.figure(figsize=[14,4])
          plt.subplot(131)
          sns.barplot('pclass', 'survived', data=raw_data)
          plt.subplot(132)
          sns.barplot('age_cat', 'survived', data=raw_data)
          plt.subplot(133)
          sns.barplot('sex', 'survived', data=raw_data)
          plt.subplots_adjust(top=1, bottom=0.1, left=0.10, right=1, hspace=0.5,
          wspace=0.5)
          plt.show()
```

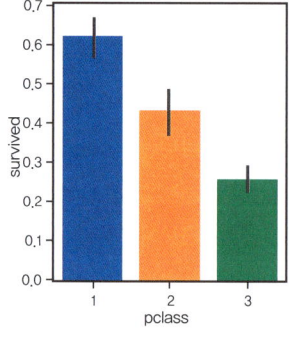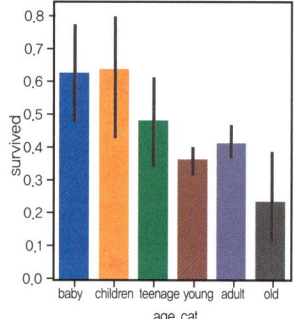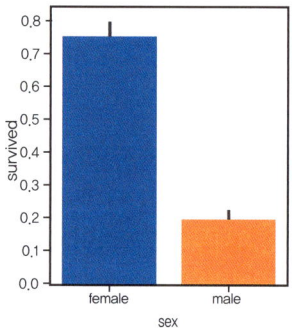

이렇게 하면 확실히 코드 7의 결과에서 보듯이 1등실이 가장 생존율이 높아 보이지만, 나이가 어린 승객도 높은 생존율을 보입니다. 특히 여성(female)의 생존율이 매우 높다는 것도 알 수 있습니다. 기록을 보면, 타이타닉은 여성과 어린이 먼저 구출한다는 원칙이 잘 지켜진 배라고 합니다. 자신의 생명을 여성과 어린이들에게 희생한 젊은 남성들이 많았다는 것입니다. 타이타닉호에는 부모 형제 없이 홀로 미국으로 떠나는 가난한(3등실에 탑승한) 남성들이 많았다고 합니다. 코드 12의 그래프가 보여주는 결과는 이런 배경을 알고 나면 이해가 됩니다.

In [13]:
```
f,ax=plt.subplots(1,2,figsize=(12,6))
sns.countplot('sex',data=raw_data, ax=ax[0])
ax[0].set_title('Count of Passengers by Sex')

sns.countplot('sex',hue='survived',data=raw_data, ax=ax[1])
ax[1].set_title('Sex:Survived vs Dead')
plt.show()
```

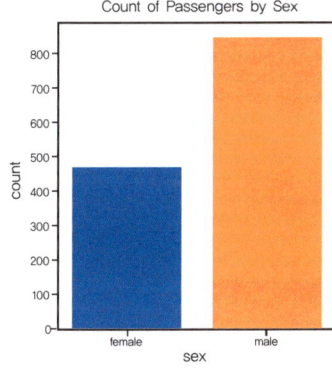
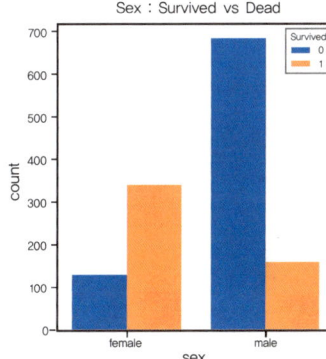

여성과 남성의 생존 상황을 조금 더 상세히 보면 탑승객의 수는 여성이 450명으로 850명쯤 되는 남성의 절반 정도였습니다. 그러나 생존 자체는 여성이 350명이 조금 안 되는 수로 150명 정도 생존한 남성보다 훨씬 많습니다. 이것만 봐도 구명보트에 탑승한 여성의 수가 많았고, 여성/아이 우선 원칙을 지키며 현장을 지휘한 선원들과 그 지휘를 따른 남성들이 있었다는 의미입니다.

7.4 보트 탑승 승객의 생존율 확인하기

우리가 가진 데이터에는 boat라는 칼럼이 있습니다. 이 항목은 구명보트에 탑승했다면 보트 넘버가 쓰인 것입니다. 보트에 탑승한 승객들의 상황을 보도록 하겠습니다.

```
In [14]: boat_survivors = raw_data[raw_data['boat'].notnull()]
         boat_survivors.head()
```

Out[14]:

	pclass	survived	name	sex	age	sibsp	parch	ticket	fare	cabin	embarked	boat
0	1	1	Allen, Miss. Elisabeth Walton	female	29.0000	0	0	24160	211.3375	B5	S	2
1	1	1	Allison, Master. Hudson Trevor	male	0.9167	1	2	113781	151.5500	C22 C26	S	11
5	1	1	Anderson, Mr. Harry	male	48.0000	0	0	19952	26.5500	E12	S	3
6	1	1	Andrews, Miss. Kornelia Theodosia	female	63.0000	1	0	13502	77.9583	D7	S	10
8	1	1	Appleton, Mrs. Edward Dale (Charlotte Lamson)	female	53.0000	2	0	11769	51.4792	C101	S	D

먼저 boat 항목의 NaN이 아닌 항목만 데이터로 받습니다.

In [15]:
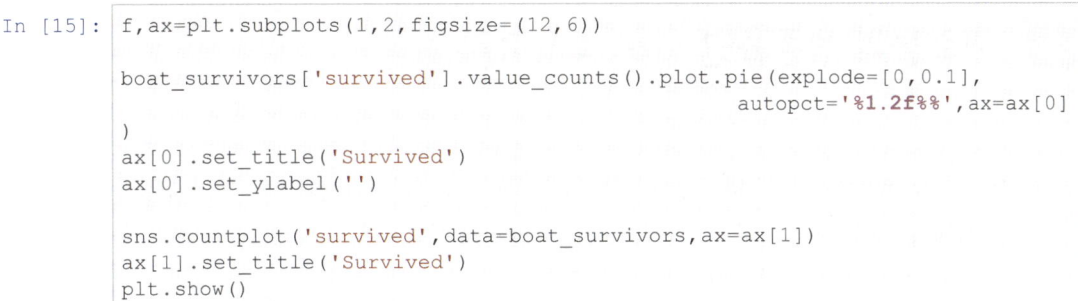

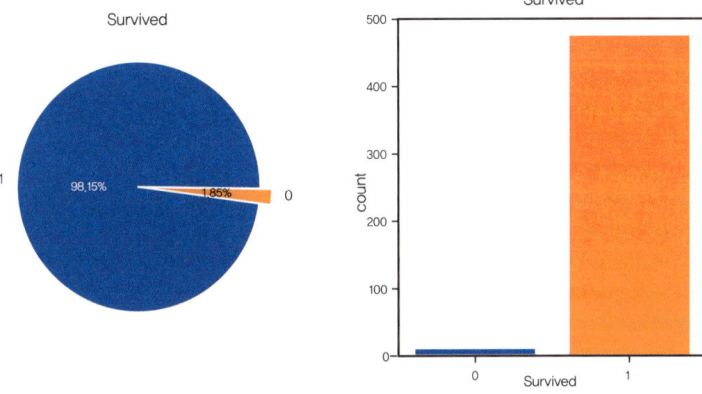

구명보트에 탑승한 사람들은 98.15% 생존했습니다. 그래서 나중에 생존자를 예측하기 위한 모델을 만들 때는 이 항목(칼럼)은 특징으로 잡으면 안 됩니다. 그러면 보트 탑승 여부만 확인할 테니까요.

7.5 귀족들의 생존율만 다시 조사하기

코드 7에서 상류층(선실 등급 1등실)이 많이 살아남은 듯하지만, 어린아이와 여성들의 생존율도 높다는 것을 7-3절에서 이야기했습니다. 이번에는 상류층(귀족)의 생존율을 조사해보겠습니다. 물론 상류층이라고 1등실을 탄 것은 아니겠지만, 그래도 당시 타이타닉의 상류층의 생존율을 보면서 그들이 어떤 결과를 맞이했는지는 확인해 볼 수 있을 것 같습니다.

```
In [16]: raw_data['name'][0]
Out[16]: 'Allen, Miss. Elisabeth Walton'
```

raw_data에는 이름을 적는 항목에 호칭이 포함되어 있습니다.

```
In [17]: raw_data['name'][0].split(',')[1]
Out[17]: ' Miss. Elisabeth Walton'
```

먼저, 콤마(,)로 구분된 문자열을 분리(split)하고 두 번째를 선택합니다.

```
In [18]: raw_data['name'][0].split(',')[1].split('.')[0]
Out[18]: ' Miss'
```

그리고, 점(.)으로 구분된 항목을 분리하고 첫 번째를 선택하면 됩니다.

```
In [19]: raw_data['name'][0].split(',')[1].split('.')[0].strip()
Out[19]: 'Miss'
```

그리고 앞뒤에 혹시 스페이스가 있을 수 있으니까 strip()함수로 제거합니다.

```
In [20]: test = lambda x: x+2
         test(2)
Out[20]: 4
```

기초적인 것으로 람다함수가 있습니다. 위 코드에서 보이듯이 람다(lambda) 함수는 간편하게 한 줄로 함수 기능을 생성할 수 있습니다.

```
In [21]: list(map(test, range(5)))
Out[21]: [2, 3, 4, 5, 6]
```

이렇게 `map` 함수를 이용해서 리스트형 각 변수에 람다함수를 각각 적용할 수 있습니다. 코드 16부터 21까지를 합치면 코드 22처럼 호칭이 포함된 이름 정보에서 귀족이든 혹은 단순히 성별을 지칭하든 호칭만 빼내서 별도의 칼럼을 구성할 수 있습니다.

```
In [22]: conversion_rare = lambda x: x.split(',')[1].split('.')[0].strip()
         raw_data['title'] = raw_data['name'].map(conversion_rare)
         titles = raw_data['title'].unique()
         titles
Out[22]: array(['Miss', 'Master', 'Mr', 'Mrs', 'Col', 'Mme', 'Dr', 'Major', 'Capt',
                'Lady', 'Sir', 'Mlle', 'Dona', 'Jonkheer', 'the Countess', 'Don',
                'Rev', 'Ms'], dtype=object)
```

이렇게 추출한 호칭으로 title이라는 칼럼을 만들고, 유일한 내용만 조사하는 `unique()` 검사를 수행하면 코드 22의 결과를 볼 수 있습니다. 여기서 귀족의 호칭을 분리하면 됩니다.

```
In [23]: pd.crosstab(raw_data['title'], raw_data['sex'])
```
Out[23]:

sex	female	male
title		
Capt	0	1
Col	0	4
Don	0	1
Dona	1	0
Dr	1	7
Jonkheer	0	1
Lady	1	0
Major	0	2
Master	0	61
Miss	260	0
Mlle	2	0
Mme	1	0
Mr	0	757

Mrs	197	0
Ms	2	0
Rev	0	8
Sir	0	1
the Countess	1	0

pandas의 `crosstab` 명령은 지정된 칼럼을 인덱스로 하고, 두 번째 지정된 칼럼에 대한 개수를 알려줍니다. 여성 귀족은 Lady와 Countess뿐이어서, 귀족의 성별을 구분하는 것은 큰 의미가 없을 것 같습니다. 이 중 Mlle과 Ms, Mme는 각각 Miss, Miss, Mrs로 변경합니다. 그리고 Miss과 Mrs, Mr를 제외한 나머지 호칭은 귀족으로 보고 rare라고 해 두겠습니다.

```python
In [24]: raw_data['title'] = raw_data['title'].replace('Mlle', 'Miss')
         raw_data['title'] = raw_data['title'].replace('Ms', 'Miss')
         raw_data['title'] = raw_data['title'].replace('Mme', 'Mrs')

         Rare = ['Lady','the Countess','Countess','Capt','Master',
                 'Col','Don','Dr','Major','Rev','Sir','Jonkheer','Dona']

         for each in Rare:
             raw_data['title'] = raw_data['title'].replace(each, 'Rare')

         raw_data['title'].unique()
Out[24]: array(['Miss', 'Rare', 'Mr', 'Mrs'], dtype=object)
```

코드 24에서 1~3행은 단지 Miss의 다른 말인 Mlle과 Ms를 Miss로 변경(replace)하는 것이고, Mme를 Mrs로 변경하는 것입니다. 귀족 등급의 단어를 Rare라는 리스트형 변수에 저장하고, 이 변수를 for 문으로 반복합니다. 그래서 Rare에 있는 단어를 만날 때마다 해당 단어를 Rare로 변경합니다.

```python
In [25]: print (raw_data[['title', 'survived']].groupby(['title'], as_index=False).mean())
```

	title	survived
0	Miss	0.678030
1	Mr	0.162483
2	Mrs	0.787879
3	Rare	0.466667

코드 25의 결과와 코드 7의 결과, 코드 12의 결과를 잘 보세요. 코드 25의 결과를 보면, 일반 남성(Mr)의 생존율은 고작 16.25%입니다. 물론 귀족이 많이 살긴 했지만, 46.67%로 절반이 안 되며, 여성의 생존율보다 낮습니다. 이를 보면 단순히 코드 7의 결과만 보고 상류층만 살아남았다고 말하긴 어렵습니다.

7.6 학습을 위한 데이터 정리와 특징 선택하기

```
In [26]: raw_data.head()
```
Out[26]:

	pclass	survived	name	sex	age	sibsp	parch	ticket	fare	cabin	embarked	boat
0	1	1	Allen, Miss. Elisabeth Walton	female	29.0000	0	0	24160	211.3375	B5	S	2
1	1	1	Allison, Master. Hudson Trevor	male	0.9167	1	2	113781	151.5500	C22 C26	S	11
2	1	0	Allison, Miss. Helen Loraine	female	2.0000	1	2	113781	151.5500	C22 C26	S	NaN
3	1	0	Allison, Mr. Hudson Joshua Creighton	male	30.0000	1	2	113781	151.5500	C22 C26	S	NaN
4	1	0	Allison, Mrs. Hudson J C (Bessie Waldo Daniels)	female	25.0000	1	2	113781	151.5500	C22 C26	S	NaN

코드 26에는 현시점의 raw_data가 보입니다. 이제 우리는 6장에서 배운 결정나무 알고리즘을 사용해서 모델링을 하려고 합니다. 먼저, female/male로 된 성별을 것을 숫자로 변경해야 할 것 같습니다.

```
In [27]: tmp = []
         for each in raw_data['sex']:
             if each == 'female':
                 tmp.append(0)
             elif each == 'male':
                 tmp.append(1)
             else:
                 tmp.append(np.nan)
```

반복문을 이용해서 성별에서 female을 만나면 0, male을 만나면 1을, tmp라는 빈 리스트에 append 로 추가합니다.

In [28]:
```
raw_data['sex'] = tmp
raw_data.head()
```

Out[28]:

	pclass	survived	name	sex	age	sibsp	parch	ticket	fare	cabin	embarked	boat	bo
0	1	1	Allen, Miss. Elisabeth Walton	0	29.0000	0	0	24160	211.3375	B5	S	2	N
1	1	1	Allison, Master. Hudson Trevor	1	0.9167	1	2	113781	151.5500	C22 C26	S	11	N
2	1	0	Allison, Miss. Helen Loraine	0	2.0000	1	2	113781	151.5500	C22 C26	S	NaN	N
3	1	0	Allison, Mr. Hudson Joshua Creighton	1	30.0000	1	2	113781	151.5500	C22 C26	S	NaN	135
4	1	0	Allison, Mrs. Hudson J C (Bessie Waldo Daniels)	0	25.0000	1	2	113781	151.5500	C22 C26	S	NaN	N

그리고 성별 칼럼을 다시 갱신합니다. 이제, 중요한 특징을 선택해야 합니다. 확실한 건 성별(sex)과 선실 등급(pclass)은 특징으로 잡아야 합니다. 거기에 형제/배우자를 의미하는 sibsp와 부모/자녀를 의미하는 parch도 포함하고, 요금도 포함합니다. 구명보트의 탑승 여부는 7-4절에서 이야기한 대로 특징으로 잡으면 안 됩니다.

In [29]:
```
raw_data['survived'] = raw_data['survived'].astype('float')
raw_data['pclass'] = raw_data['pclass'].astype('float')
raw_data['sex'] = raw_data['sex'].astype('float')
raw_data['sibsp'] = raw_data['sibsp'].astype('float')
raw_data['parch'] = raw_data['parch'].astype('float')
raw_data['fare'] = raw_data['fare'].astype('float')
raw_data.head()
```

Out[29]:

	pclass	survived	name	sex	age	sibsp	parch	ticket	fare	cabin	embarked	boat	bo
0	1.0	1.0	Allen, Miss. Elisabeth Walton	0.0	29.0000	0.0	0.0	24160	211.3375	B5	S	2	N
1	1.0	1.0	Allison, Master. Hudson Trevor	1.0	0.9167	1.0	2.0	113781	151.5500	C22 C26	S	11	N
2	1.0	0.0	Allison, Miss. Helen Loraine	0.0	2.0000	1.0	2.0	113781	151.5500	C22 C26	S	NaN	N
3	1.0	0.0	Allison, Mr. Hudson Joshua Creighton	1.0	30.0000	1.0	2.0	113781	151.5500	C22 C26	S	NaN	135
4	1.0	0.0	Allison, Mrs. Hudson J C (Bessie Waldo Daniels)	0.0	25.0000	1.0	2.0	113781	151.5500	C22 C26	S	NaN	N

그리고 정보가 없는 NaN을 빼고 다시 저장해서 전체 데이터가 조금 줄어듭니다.

In [30]:
```
raw_data = raw_data[raw_data['age'].notnull()]
raw_data = raw_data[raw_data['sibsp'].notnull()]
raw_data = raw_data[raw_data['parch'].notnull()]
raw_data = raw_data[raw_data['fare'].notnull()]
raw_data.info()
```

```
<class 'pandas.core.frame.DataFrame'>
Int64Index: 1045 entries, 0 to 1308
Data columns (total 16 columns):
pclass       1045 non-null float64
survived     1045 non-null float64
name         1045 non-null object
```

```
sex            1045 non-null float64
age            1045 non-null float64
sibsp          1045 non-null float64
parch          1045 non-null float64
ticket         1045 non-null object
fare           1045 non-null float64
cabin          272 non-null object
embarked       1043 non-null object
boat           417 non-null object
body           119 non-null float64
home.dest      685 non-null object
age_cat        1045 non-null category
title          1045 non-null object
dtypes: category(1), float64(8), object(7)
memory usage: 131.8+ KB
```

7.7 생존자 예측을 위한 모델 수립

```
In [31]: train_pre = raw_data[['pclass','sex','age','sibsp','parch','fare']]
         train_pre.head()
```

Out[31]:

	pclass	sex	age	sibsp	parch	fare
0	1.0	0.0	29.0000	0.0	0.0	211.3375
1	1.0	1.0	0.9167	1.0	2.0	151.5500
2	1.0	0.0	2.0000	1.0	2.0	151.5500
3	1.0	1.0	30.0000	1.0	2.0	151.5500
4	1.0	0.0	25.0000	1.0	2.0	151.5500

이제 raw_data에서 학습에 사용할 특징으로 코드 31에서 보듯이 pclass, sex, age, sibsp, parch, fare로 하겠습니다. 그 데이터만 따로 train_pre에 저장합니다.

```
In [32]: from sklearn.model_selection import train_test_split
         X_train, X_test, y_train, y_test = train_test_split(train_pre,
                                                             raw_data[['survived']],
                                                             test_size=0.1,
                                                             random_state=13)
```

여러분 중에는 아직 인공지능이나 머신러닝을 배우지 않은 분도 있을 겁니다. 여기서 코드 32의 `train_test_split` 함수가 하는 일은, 데이터를 훈련용과 검증용으로 나누는 것입니다. 전체 데이터의 10%를 test 데이터로 두고, 훈련용 데이터 X_train와 훈련용 데이터의 라벨(raw_data[['survived']]), 검증용 데이터 X_test와 라벨을 분리합니다. 나중에 훈련용 데이터로 모델을 수립하고, 그 모델을 검증용 데이터로 확인합니다.

```
In [33]: X_train.info()
         <class 'pandas.core.frame.DataFrame'>
         Int64Index: 940 entries, 710 to 378
         Data columns (total 6 columns):
         pclass    940 non-null float64
         sex       940 non-null float64
         age       940 non-null float64
         sibsp     940 non-null float64
```

```
        parch    940 non-null float64
        fare     940 non-null float64
        dtypes: float64(6)
        memory usage: 51.4 KB
```

In [34]: `X_test.info()`

```
        <class 'pandas.core.frame.DataFrame'>
        Int64Index: 105 entries, 699 to 1057
        Data columns (total 6 columns):
        pclass   105 non-null float64
        sex      105 non-null float64
        age      105 non-null float64
        sibsp    105 non-null float64
        parch    105 non-null float64
        fare     105 non-null float64
        dtypes: float64(6)
        memory usage: 5.7 KB
```

In [35]: `y_train.info()`

```
        <class 'pandas.core.frame.DataFrame'>
        Int64Index: 940 entries, 710 to 378
        Data columns (total 1 columns):
        survived   940 non-null float64
        dtypes: float64(1)
        memory usage: 14.7 KB
```

In [36]: `y_test.info()`

```
        <class 'pandas.core.frame.DataFrame'>
        Int64Index: 105 entries, 699 to 1057
        Data columns (total 1 columns):
        survived   105 non-null float64
        dtypes: float64(1)
        memory usage: 1.6 KB
```

In [37]: `X_train.head()`

Out[37]:

	pclass	sex	age	sibsp	parch	fare
710	3.0	0.0	37.0	0.0	0.0	7.7500
423	2.0	1.0	34.0	0.0	0.0	13.0000
646	3.0	0.0	38.0	1.0	5.0	31.3875
596	2.0	1.0	31.0	0.0	0.0	13.0000
286	1.0	0.0	63.0	1.0	0.0	221.7792

코드 37에서 보듯이 인덱스가 애초 raw_data에 붙여 있던 번호가 됩니다. 이 번호를 다시 0부터 세팅하는 작업을 합니다.

```
In [38]: X_train = X_train.reset_index()
         X_train = X_train.drop(['index'], axis=1)

         X_test = X_test.reset_index()
         X_test = X_test.drop(['index'], axis=1)

         y_train = y_train.reset_index()
         y_train = y_train.drop(['index'], axis=1)

         y_test = y_test.reset_index()
         y_test = y_test.drop(['index'], axis=1)
```

이제 6장에서 수행한 것과 같이 sklearn에서 `DecisionTreeClassifier`를 import하고 모델을 수립(fit)합니다.

```
In [39]: from sklearn.tree import DecisionTreeClassifier

         tree_clf = DecisionTreeClassifier(max_depth=3, random_state=13)
         tree_clf.fit(X_train, y_train)

         print('Score: {}'.format(tree_clf.score(X_train, y_train)))
```

Score: 0.8117021276595745

훈련용 데이터에서 정확도는 81.2% 정도이네요.

```
In [40]: from sklearn.tree import export_graphviz

         export_graphviz(
                 tree_clf,
                 out_file="titanic.dot",
                 feature_names=['pclass', 'sex', 'age', 'sibsp', 'parch', 'fare'],
                 class_names=['Unsurvived','Survived'],
                 rounded=True,
                 filled=True
             )

         import graphviz
         with open("titanic.dot") as f:
             dot_graph = f.read()
         dot = graphviz.Source(dot_graph)
         dot.format = 'png'
         dot.render(filename='titanic_tree', directory='images/decision_trees', cleanup=True)
         dot
```

Out[40]: sex <= 0.5 gini = 0.483 samples = 940 value = [556, 384] class = Unsurvived pclass <= 2.5 gini = 0.381 samples = 355 value = [91, 264] class = Survived True age <= 9.5 gini = 0.326 samples = 585 value = [465, 120] class = Unsurvived False fare <= 32.09 gini = 0.139 samples = 213 value = [16, 197] class = Survived fare <= 23.087 gini = 0.498 samples = 142 value = [75, 67] class = Unsurvived gini = 0.249 samples = 89 value = [13, 76] class = Survived gini = 0.047 samples = 124 value = [3, 121] class = Survived gini = 0.497 samples = 121 value = [56, 65] class = Survived gini = 0.172 samples = 21 value = [19, 2] class = Unsurvived sibsp <= 2.5 gini = 0.494 samples = 38 value = [17, 21] class = Survived pclass <= 1.5 gini = 0.296 samples = 547 value = [448, 99] class = Unsurvived gini = 0.227 samples = 23 value = [3, 20] class = Survived gini = 0.124 samples = 15 value = [14, 1] class = Unsurvived gini = 0.452 samples = 139 value = [91, 48] class = Unsurvived gini = 0.219 samples = 408 value = [357, 51] class = Unsurvived

결정나무를 얻었습니다. 한 단계 한 단계 밑으로 내려오면 왜 survived라고 판별했는지 아닌지를 알 수 있습니다. 이것을 가지고 예측을 할 수 있습니다.

In [41]:
```
from sklearn.metrics import accuracy_score

y_pred = tree_clf.predict(X_test)
print("Test Accuracy is ", accuracy_score(y_test, y_pred)*100)
```
Test Accuracy is 84.76190476190476

이제 테스트 데이터를 가지고 다시 정확도를 확인한 결과 84.76%가 나왔습니다. 우리의 모델은 이것으로 일단 쓸만하다고 생각할 수 있습니다.

7.8 생존자 예측; 디카프리오는 정말 생존할 수 없었을까?

이제 영화 속 두 사람의 가상 인물을 타이타닉에 탑승한 실제 승객이라고 가정해보겠습니다. 영화 속 주인공인 디카프리오는 3등실 객실 남성으로 극 중 나이는 19살입니다. 부모, 형제, 자녀 없이 홀로 아주 저렴한 가격인 5달러에 탑승했다고 가정하겠습니다. 윈슬렛은 1등실에 탑승한 여성으로 극 중 나이는 17살이었으며, 어머니, 그리고 약혼자와 함께 탑승했습니다. 그래서 이 두 사람의 데이터는 코드 42와 같이 특정했습니다.

```
In [42]: # pclass, sex, age, sibsp, parch, fare
         dicaprio = [3., 1., 19., 0., 0., 5.]
         winslet = [1., 0., 17., 1., 1., 100.]
```

윈슬렛의 생존율을 알고 싶으면, 코드 39에서 만든 모델인 tree_clf에서 predict_proba를 이용하면 됩니다.

```
In [43]: tree_clf.predict_proba([winslet])
Out[43]: array([[0.02419355, 0.97580645]])

In [44]: tree_clf.predict_proba([dicaprio])
Out[44]: array([[0.875, 0.125]])
```

여기서 보면 윈슬렛의 비생존/생존 비율, 디카프리오의 비생존/생존 비율이 각각 나타납니다. 이것을 더 잘 표현하기 위해 함수로 추가 작업을 했습니다.

```
In [45]: def isSurvived(name, person):
             isSurvive = 'not survived' if tree_clf.predict([person])[0] == 0 else 'survived'
             print(name, ' is ', isSurvive,
                   ' --> ', max(tree_clf.predict_proba([person])[0]))

         isSurvived('Dicaprio', dicaprio)
         isSurvived('Winslet', winslet)

         Dicaprio  is  not survived  -->  0.875
         Winslet  is  survived  -->  0.9758064516129032
```

isSurvived라는 함수를 만들었습니다. 그 안에는 isSurvive라는 변수에 생존할지 아닌지를 판정해서 생존율이 높으면 생존율로, 낮으면 비생존율로 답변을 하도록 합니다. 이렇게 내린 결론은 디카프리오가 생존하지 못할 확률은 87.5%입니다. 윈슬릿이 생존할 확률은 97.58%입니다.

이번 장에서는 데이터를 이용해 전반적으로 상황을 관찰해서 분석하고, 또 인공지능의 일부 기능을 이용해서 생존자를 예측해보는 일도 배워봤습니다.

Chapter 08

레드 와인, 화이트 와인 분류하기

누구나
PYTHON

이번 장에서는 레드 와인과 화이트 와인을 분류하는 문제를 다뤄보려고 합니다. 우리 책은 머신러닝 관련 책은 아니지만 머신러닝은 이제 일반화되어서 이 정도 내용은 오히려 상식선에서 익혀두는 것도 좋을 것으로 생각됩니다.

▲ 그림 8-1. 와인 데이터의 출처

이번 데이터는 미리 위 경로에서 각각 받아서 우리가 학습할 수 있도록 별도로 편집해서 필자의 github에 미리 저장해 두었습니다.

- 레드 와인 품질 데이터

  https://archive.ics.uci.edu/ml/machine-learning-databases/wine-quality/winequality-red.csv

- 화이트 와인 품질 데이터

  https://archive.ics.uci.edu/ml/machine-learning-databases/wine-quality/winequality-white.csv

우리는 이번에는 다음의 데이터를 가지고 접근하도록 하겠습니다.

- 이번 데이터 경로

  https://raw.githubusercontent.com/PinkWink/ML_tutorial/master/dataset/wine.csv

▲ 그림 8-2. 레드 와인과 화이트 와인

8.1 데이터 받기

```
In [1]: import pandas as pd

        wine_url = 'https://raw.githubusercontent.com/PinkWink/ML_tutorial'+\
                                '/master/dataset/wine.csv'
        wine = pd.read_csv(wine_url, sep=',', index_col=0)
        wine.head()
```

Out[1]:

	fixed acidity	volatile acidity	citric acid	residual sugar	chlorides	free sulfur dioxide	total sulfur dioxide	density	pH	sulphates	alcohol	quality	col
0	7.4	0.70	0.00	1.9	0.076	11.0	34.0	0.9978	3.51	0.56	9.4	5	
1	7.8	0.88	0.00	2.6	0.098	25.0	67.0	0.9968	3.20	0.68	9.8	5	
2	7.8	0.76	0.04	2.3	0.092	15.0	54.0	0.9970	3.26	0.65	9.8	5	
3	11.2	0.28	0.56	1.9	0.075	17.0	60.0	0.9980	3.16	0.58	9.8	6	
4	7.4	0.70	0.00	1.9	0.076	11.0	34.0	0.9978	3.51	0.56	9.4	5	

Pandas는 데이터가 웹에 있을 때 웹 주소만 가지고도 데이터를 읽어올 수 있습니다. 와인 데이터는 화학 성분으로 되어 있으며, color 칼럼에는 레드 와인(1), 화이트 와인(0)으로 구분되어 있습니다.

각 칼럼의 의미는 아래와 같습니다.

- fixed acidity: 고정 산도
- citric acid: 시트르산
- chlorides: 염화물
- total sulfur dioxide: 총 이산화황
- pH
- alcohol
- volatile acidity: 휘발성 산도
- residual sugar: 잔류 당분
- free sulfur dioxide: 자유 이산화황
- density: 밀도
- sulphates: 황산염
- quality: 0~10(높을수록 좋은 품질)

```
In [2]: wine['color'].value_counts()
Out[2]: 0    4898
        1    1599
        Name: color, dtype: int64
```

화이트 와인이 레드 와인보다 대략 세 배 정도 많습니다.

8.2 학습용 데이터 만들기

```
In [3]: y = wine['color']
        X = wine.drop(['color'], axis=1)
        X.head()
```

Out[3]:

	fixed acidity	volatile acidity	citric acid	residual sugar	chlorides	free sulfur dioxide	total sulfur dioxide	density	pH	sulphates	alcohol	quality
0	7.4	0.70	0.00	1.9	0.076	11.0	34.0	0.9978	3.51	0.56	9.4	5
1	7.8	0.88	0.00	2.6	0.098	25.0	67.0	0.9968	3.20	0.68	9.8	5
2	7.8	0.76	0.04	2.3	0.092	15.0	54.0	0.9970	3.26	0.65	9.8	5
3	11.2	0.28	0.56	1.9	0.075	17.0	60.0	0.9980	3.16	0.58	9.8	6
4	7.4	0.70	0.00	1.9	0.076	11.0	34.0	0.9978	3.51	0.56	9.4	5

레드/화이트 와인을 구분하는 것이 목표이므로 color 칼럼은 y라는 변수에, 나머지는 X라는 변수에 저장해 두겠습니다.

```
In [4]: from sklearn.model_selection import train_test_split

        X_train, X_test, y_train, y_test = \
                train_test_split(X, y, test_size=0.2, random_state=13)
```

그리고, 20%로 테스트 데이터와 훈련용 데이터를 분리하도록 하겠습니다. 이 의미는 X_train과 y_train으로 학습하고, 학습 완료된 모델에 X_test 데이터로 예측해서 y_test와 비교하겠다는 뜻입니다

```
In [5]: import numpy as np

        np.unique(y_train, return_counts=True)
```
Out[5]: (array([0, 1]), array([3913, 1284]))

y_train 변수에 numpy가 제공하는 unique 함수를 적용해보면 적절히 화이트/레드 와인이 잘 섞여 있는 것을 확인할 수 있습니다.

8.3 로지스틱 회귀로 학습하기

```
In [6]: from sklearn.linear_model import LogisticRegression

        log_reg = LogisticRegression(random_state=13, solver='liblinear', C=10.)
        log_reg.fit(X_train, y_train)
```
```
Out[6]: LogisticRegression(C=10.0, class_weight=None, dual=False, fit_intercept=True,
                  intercept_scaling=1, max_iter=100, multi_class='warn',
                  n_jobs=None, penalty='l2', random_state=13, solver='liblinear',
                  tol=0.0001, verbose=0, warm_start=False)
```

이번에는 로지스틱 회귀라고 하는 모델을 사용해보려고 합니다. 로지스틱 회귀는 선형회귀 모델의 마지막 단을 sigmoid 함수를 사용한 것인데 상세 이론은 다음 책을 기대하시고 지금은 로지스틱 회귀를 한 번 사용해보겠습니다. sklearn에서 linear_model의 LogisticRegression을 불러와서 X_train, y_train으로 학습시키면 됩니다.

```
In [7]: from sklearn.metrics import accuracy_score

        pred = log_reg.predict(X_train)
        accuracy_score(y_train, pred)
```
```
Out[7]: 0.9876852030017318
```

sklearn.metrics가 제공하는 accuracy_score를 불러서 X_train 데이터로 예측시켜서 y_train과 비교하면 98.7%의 정확도가 나타납니다.

```
In [8]: pred = log_reg.predict(X_test)
        accuracy_score(y_test, pred)
```
```
Out[8]: 0.9876923076923076
```

이번에는 우리의 예측 모델을 테스트하기 위해 따로 빼둔 X_test 데이터를 predict해서 정답(y_test)과 비교해 보면 98.8%의 정확도가 보입니다. 레드 와인과 화이트 와인은 분류가 쉽게 되네요.

```
In [9]:  from sklearn.metrics import confusion_matrix
         confusion_matrix(y_test, pred)
Out[9]: array([[980,   5],
               [ 11, 304]])
```

Confusion_matrix는 분류 문제에서 어떻게 데이터가 예측과 오류가 있는지 확인할 수 있습니다. 위 결과의 첫 줄은 화이트 와인(0)을 화이트 와인으로 분류한 것이 980개, 레드 와인으로 분류한 것이 5개라는 뜻입니다. 그 아랫줄은 레드 와인(1)을 화이트 와인으로 잘못 분류한 것이 11개, 레드 와인으로 잘 분류한 것이 304개라는 뜻입니다.

8.4 데이터 정규화

```
In [10]: import seaborn as sns
         sns.boxplot(data=X[['fixed acidity', 'chlorides', 'quality']])
Out[10]: <matplotlib.axes._subplots.AxesSubplot at 0x1a21f4ae48>
```

이번에는 seaborn에서 boxplot을 이용해서 ['fixed acidity', 'chlorides', 'quality'] 이 데이터만 그려 보았습니다. 위 결과를 보면 세 개의 특성이 평균도 데이터가 분포하는 폭도 다르다는 것을 알 수 있습니다. 이럴 때 학습의 결과가 나쁠 수 있습니다. 이를 더 잘 학습하게 하기 위해 조금 다른 작업을 하는 경우가 있습니다.

```
In [11]: from sklearn.preprocessing import MinMaxScaler, StandardScaler

         MMS = MinMaxScaler()
         SS = StandardScaler()

         SS.fit(X)
         MMS.fit(X)

         X_ss = SS.transform(X)
         X_mms = MMS.transform(X)
```

```
/anaconda3/lib/python3.7/site-packages/sklearn/preprocessing/data.py:645: D
ataConversionWarning: Data with input dtype int64, float64 were all convert
ed to float64 by StandardScaler.
  return self.partial_fit(X, y)
/anaconda3/lib/python3.7/site-packages/sklearn/preprocessing/data.py:334: D
ataConversionWarning: Data with input dtype int64, float64 were all convert
ed to float64 by MinMaxScaler.
  return self.partial_fit(X, y)
/anaconda3/lib/python3.7/site-packages/ipykernel_launcher.py:9: DataConvers
ionWarning: Data with input dtype int64, float64 were all converted to floa
t64 by StandardScaler.
  if __name__ == '__main__':
```

바로 정규화라고 하는 작업입니다. 이 중에서 sklearn은 MinMaxScaler, StandardScaler 두 방법을 제공합니다. 두 방법의 차이는 다시 그래프로 보여드리겠지만 MinMaxScaler는 데이터를 0과 1로 강제로 다시 매핑하는 것입니다. StandardScaler는 평균을 0으로 표준편차를 1로 바꾸는 작업을 합니다.

In [12]:
```
X_ss_pd = pd.DataFrame(X_ss, columns=X.columns)
X_mms_pd = pd.DataFrame(X_mms, columns=X.columns)
```

각각의 데이터를 다시 pandas의 DataFrame으로 표현합니다.

In [13]: `X_ss_pd.head()`

Out[13]:

	fixed acidity	volatile acidity	citric acid	residual sugar	chlorides	free sulfur dioxide	total sulfur dioxide	density	pH	sulphates
0	0.142473	2.188833	-2.192833	0.744778	0.569958	-1.100140	-1.446359	1.034993	1.813090	0.193097
1	0.451036	3.282235	-2.192833	0.597640	1.197975	-0.311320	-0.862469	0.701486	-0.115073	0.999579
2	0.451036	2.553300	-1.917553	0.660699	1.026697	0.874763	1.092486	0.768188	0.258120	0.797958
3	3.073817	-0.362438	-1.661085	-0.744778	0.541412	-0.762074	-0.986324	1.101694	-0.363868	0.327510
4	0.142473	2.188833	-2.192833	0.744778	0.569958	-1.100140	-1.446359	1.034993	1.813090	0.193097

In [14]: `X_mms_pd.head()`

Out[14]:

	fixed acidity	volatile acidity	citric acid	residual sugar	chlorides	free sulfur dioxide	total sulfur dioxide	density	pH	sulphates
0	0.297521	0.413333	0.000000	0.019939	0.111296	0.034722	0.064516	0.206092	0.612403	0.191011
1	0.330579	0.533333	0.000000	0.030675	0.147841	0.083333	0.140553	0.186813	0.372093	0.258427
2	0.330579	0.453333	0.024096	0.026074	0.137874	0.048611	0.110599	0.190669	0.418605	0.241573
3	0.611570	0.133333	0.337349	0.019939	0.109635	0.055556	0.124424	0.209948	0.341085	0.202247
4	0.297521	0.413333	0.000000	0.019939	0.111296	0.034722	0.064516	0.206092	0.612403	0.191011

데이터를 pandas로 표현해서 앞선 boxplot으로 그 결과를 비교하려 합니다.

```
In [15]: sns.boxplot(data=X_mms_pd[['fixed acidity', 'chlorides', 'quality']])
Out[15]: <matplotlib.axes._subplots.AxesSubplot at 0x1a223c66d8>
```

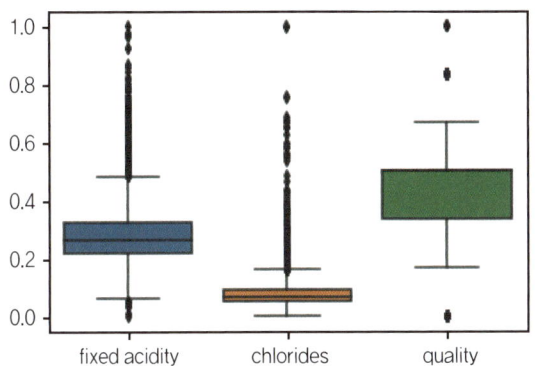

MinMaxScaler는 모든 데이터를 0과 1 사이에 위치시키는 것으로 그 안에서 평균은 서로 다릅니다.

```
In [16]: sns.boxplot(data=X_ss_pd[['fixed acidity', 'chlorides', 'quality']])
Out[16]: <matplotlib.axes._subplots.AxesSubplot at 0x1a22505470>
```

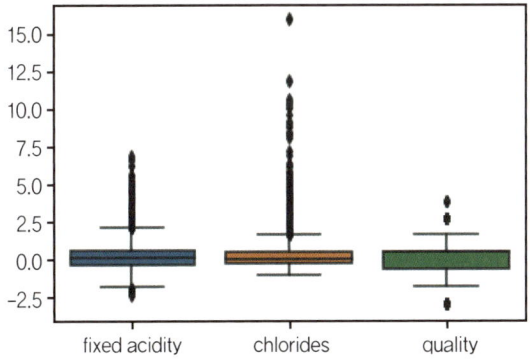

그에 반해 StandardScaler는 위 결과에서 보이듯이 평균을 0으로 표준편차를 1로 만들어서 보여주는 것입니다.

```
In [17]: X_out = X_mms_pd
         X_train, X_test, y_train, y_test = \
                         train_test_split(X_out, y, test_size=0.2, random_state=
         13)

         log_reg = LogisticRegression(random_state=13, solver='liblinear', C=10.)
         log_reg.fit(X_train, y_train)

         pred = log_reg.predict(X_test)
         accuracy_score(y_test, pred)
```
Out[17]: 0.9884615384615385

이제 MinMaxScaler가 적용된 데이터를 다시 훈련용과 학습용으로 나눠서 로지스틱 회귀를 적용해서 테스트용 데이터의 정확도를 확인했는데, 기존의 결과와 큰 차이가 없음을 알 수 있습니다.

```
In [18]: X_out = X_ss_pd
         X_train, X_test, y_train, y_test = \
                         train_test_split(X_out, y, test_size=0.2, random_state=
         13)

         log_reg = LogisticRegression(random_state=13, solver='liblinear', C=10.)
         log_reg.fit(X_train, y_train)

         pred = log_reg.predict(X_test)
         accuracy_score(y_test, pred)
```
Out[18]: 0.9969230769230769

이번에는 StandardScaler가 적용된 데이터를 이용한 결과를 확인했는데 결과가 많이 개선되었습니다. 99.7%나 나타났습니다. 그렇다면 이 데이터에서는 정규화가 유의미한 결과를 가진다는 것을 확인했습니다.

8.5 결정나무를 이용한 분류

```
In [19]: from sklearn.tree import DecisionTreeClassifier

         tree_clf = DecisionTreeClassifier(max_depth=2, random_state=13)
         tree_clf.fit(X_train, y_train)
```
```
Out[19]: DecisionTreeClassifier(class_weight=None, criterion='gini', max_depth=2,
                     max_features=None, max_leaf_nodes=None,
                     min_impurity_decrease=0.0, min_impurity_split=None,
                     min_samples_leaf=1, min_samples_split=2,
                     min_weight_fraction_leaf=0.0, presort=False, random_state=13,
                     splitter='best')
```

이번에는 앞서서 배운 결정나무를 이용해서 분류 결과를 보려고 합니다. 결정나무를 이용하면 어떤 특성이 결과에 영향을 많이 주었는지 확인할 수 있습니다.

```
In [20]: pred = tree_clf.predict(X_train)
         accuracy_score(y_train, pred)
```
```
Out[20]: 0.9553588608812776
```

```
In [21]: pred = tree_clf.predict(X_test)
         accuracy_score(y_test, pred)
```
```
Out[21]: 0.9569230769230769
```

결정나무의 결과도 나쁘지 않습니다.

```
In [22]: confusion_matrix(y_test, pred)
```
```
Out[22]: array([[939,  46],
                [ 10, 305]])
```

confusion_matrix의 결과도 로지스틱 회귀와 크게 다르지 않습니다.

```
In [23]: from graphviz import Source
         from sklearn.tree import export_graphviz

         Source(export_graphviz(tree_clf, feature_names=X_train.columns,
                                class_names=['R', 'W'],
                                rounded=True, filled=True))
```

Out[23]: total sulfur dioxide <= -0.854 gini = 0.372 samples = 5197 value = [3913, 1284] class = R chlorides <= -0.272 gini = 0.183 samples = 1128 value = [115, 1013] class = W True chlorides <= 0.384 gini = 0.124 samples = 4069 value = [3798, 271] class = R False gini = 0.201 samples = 115 value = [102, 13] class = R gini = 0.025 samples = 1013 value = [13, 1000] class = W gini = 0.022 samples = 3674 value = [3633, 41] class = R gini = 0.486 samples = 395 value = [165, 230] class = W

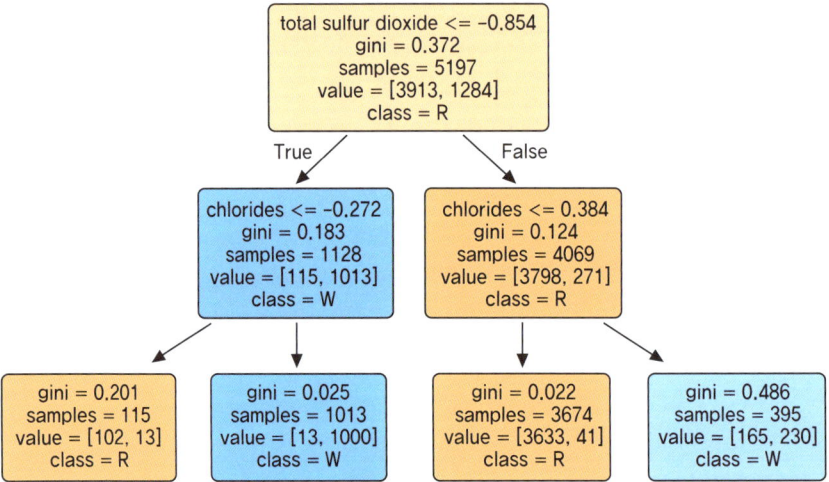

이제 graphviz를 확인해 보면 total sulfur dioxide와 chlorides가 많은 레드 와인과 화이트 와인을 분류하는 중요한 특성이라는 것을 알 수 있습니다.

글을 마치며…

짧지 않은 내용을 읽어 오시느라 수고하셨습니다.

데이터를 다루는 분야에 관한 관심이 높아지면서 단시간에 파이썬과 파이썬으로 데이터를 다루는 학습을 이수하기 위해 노력하는 분들이 많습니다. 그에 맞춰 다양한 학습 방법을 제시하는 교재들 또한 많습니다. 이런저런 많은 방법을 사용하지만, 딱 성취감이 드는 방법을 찾기는 또한 어렵습니다.

그래서 저는 제가 공부한 방법을 여러분에게 보여드리고 싶었습니다. 그 방법은 조금 무리일 수도 있지만, 주제를 정해두고 그 주제를 완성해가는 과정을 학습하는 것입니다. 그 과정이 다른 언어라면 언어의 깊이를 모르면 진행할 수 없지만, 파이썬이라 가능한 부분이 또 있습니다.

본 교재는 파이썬을 처음 사용하는 분도 최대한 데이터를 다루는 부분을 학습하는 데 도움을 드리기 위해 작성되었습니다. 물론 이 책 한 권으로 파이썬이나 데이터 과학의 전부를 이야기할 수는 없지만, 그래도 작은 목표를 달성해서 학습 의욕을 가지시길 바랍니다.

늦은 시간까지 열정을 가지고 학습하는 분들에게 파이팅하라는 말씀도 드리고 싶습니다.